中华人民共和国
反间谍法
公民普法读物

本书编写组 编

法律出版社
LAW PRESS · CHINA
北京

图书在版编目(CIP)数据

中华人民共和国反间谍法公民普法读物/《中华人民共和国反间谍法公民普法读物》编写组编. -- 北京：法律出版社，2023
ISBN 978-7-5197-7685-5

Ⅰ.①中… Ⅱ.①中… Ⅲ.①反间谍法－中国－普及读物 Ⅳ.①D924.315

中国国家版本馆CIP数据核字(2023)第042860号

中华人民共和国反间谍法
公民普法读物
ZHONGHUA RENMIN GONGHEGUO
FANJIANDIEFA GONGMIN
PUFA DUWU

《中华人民共和国反间谍法公民普法读物》编写组 编

责任编辑 董 昱 赵雪慧
装帧设计 汪奇峰

出版发行 法律出版社	开本 A5	
编辑统筹 法规出版分社	印张 7	字数 166千
责任校对 王晓萍	版本 2023年6月第1版	
责任印制 耿润瑜	印次 2023年6月第1次印刷	
经　　销 新华书店	印刷 天津嘉恒印务有限公司	

地址：北京市丰台区莲花池西里7号(100073)
网址：www.lawpress.com.cn　　　　销售电话：010-83938349
投稿邮箱：info@lawpress.com.cn　　客服电话：010-83938350
举报盗版邮箱：jbwq@lawpress.com.cn　咨询电话：010-63939796
版权所有·侵权必究

书号：ISBN 978-7-5197-7685-5　　　　定价：42.00元
凡购买本社图书，如有印装错误，我社负责退换。电话：010-83938349

本书编写组

主　　编　许　可（国际关系学院副院长，教授）
副 主 编　李秀娜（国际关系学院法学院副院长，副教授）
编写人员　李汉军（国际关系学院国际交流合作处处长，教授）
　　　　　张　婷（北京市人民检察院第二检察部副主任，
　　　　　　　　　三级高级检察官）
　　　　　叶景山（国际关系学院法学院副教授）
　　　　　李文杰（国际关系学院法学院副教授）
　　　　　孙沛成（国际关系学院法学院讲师）
　　　　　祖博媛（国际关系学院法学院讲师）
　　　　　李一达（国际关系学院法学院讲师）
　　　　　刘思艺（国际关系学院法学院讲师）
　　　　　冯韩美皓（国际关系学院法学院讲师）
　　　　　刘晓昊（应急管理部党校讲师）

编写组分工

第一章　张　婷　李汉军　李秀娜
第二章　孙沛成
第三章　叶景山　刘晓昊
第四章　刘思艺　冯韩美皓
第五章　祖博媛　李一达
第六章　李文杰

本书由刘思艺负责统稿，国际关系学院法学院研究生王君浩、周小然、孙枫、申凯欣等同学参与搜集整理资料、统稿等工作，在此一并致谢！

序

　　国家安全是民族复兴的根基，社会稳定是国家强盛的前提。作为规范和保障反间谍斗争的专门法律，《中华人民共和国反间谍法》为国家安全提供有力的法治保障。2023年4月26日，十四届全国人大常委会第二次会议通过新修订的《中华人民共和国反间谍法》。同日，国家主席习近平签署第4号主席令予以公布，修订后的《中华人民共和国反间谍法》自2023年7月1日起施行。该法是党的二十大后国家安全领域的首部专门立法，也是新一届全国人大常委会审议通过的第一部法律，为加强新时代反间谍工作，防范、制止和惩治间谍行为，维护国家安全，保护人民利益，提供了有力法治保障。《中华人民共和国反间谍法》对于严厉打击敌对势力渗透、破坏、颠覆、分裂活动，切实防范化解重大国家安全风险，确保新时代新征程政治安全、社会安定、人民安宁，以及维护国家主权、安全、发展利益，必将发挥重要作用，学习好、宣传好、贯彻好、落实好该法意义重大。

　　2014年，我国制定出台了《中华人民共和国反间谍法》，这部法律对于防范、制止和惩治间谍行为和其他危害国家安全行为，维护国家主权、安全、发展利益发挥了重要作用。此次修订工作，坚持以习近平新时代中国特色社会主义思想为指导，深入贯彻习近平法治思想和总体国家安全观，立足于防范打击危害国家安全行为实际，深入总结长期以来特别是新时代反间谍斗争经验做法，系统解决反间谍工作的一系列重点难点问题，是落实党的二十大"完善国家安全法治体系"部署的重大举措，是构建维护国家安全的人民防线的坚强保障，必将更好地引领、规范、保障、推动反间谍工作科学发展。

在新法正式施行之前，法律出版社推出《中华人民共和国反间谍法公民普法读物》，对于加强反间谍普法，广泛开展国家安全法治宣传，增强全民国家安全意识和素养，建立起强大的国家安全人民防线，具有重要意义。特别是要深刻认识到，维护国家安全是一场伟大的人民战争。境外间谍情报机构不仅以我党政军机关、军工企业和科研院所等单位的核心岗位人员为目标，而且广泛撒网到学生、务工人员等群体，千方百计进行拉拢策反，搜集我国家秘密和有关情报。他们拉拢策反的常用手法包括金钱收买、美色引诱、情感拉拢、胁迫恐吓以及出境、移民、求学、工作等非物质利益诱惑，搜情窃密主要采取派遣入境、实地窃取、布建"观察哨"、技术窃密、网络窃密等方式。主动了解国家安全工作，学习反间谍知识，有助于公民识别间谍，保护自己，维护国家安全。

本书编写组是一支由国际关系学院专家组成的精干专业队伍。国际关系学院是一所与共和国同龄的国家重点大学，以国家安全、国际关系、国家安全法和涉外法等教学研究见长，秉承"忠诚、勤奋、求实、创新"校训，为党和国家培养了大批具有国际视野和创新思维的高素质人才。在本书的编写过程中，国际关系学院多次召开编写会,努力为各位读者呈上一份理论严谨、逻辑严密、反映反间谍工作实践的普法读物。

全书包含6章内容,依次围绕间谍行为、反间谍安全防范、易被境外间谍机构策反的群体、法律责任、国家安全机关如何反间谍、公民如何反间谍等主题,以一问一答的写作方式展开。各章围绕《中华人民共和国反间谍法》文本和反间谍工作,较为全面又重点突出地精选了64个问题。读者可以按图索骥,找到自己关心、关注的问题,比如:间谍行为主要包括哪些?间谍的常用策反手段有哪些?当公民或组织发现间谍行为时该如何做?个人和组织支持、协助反间谍工作能够获得表彰和奖励吗?

作为一本普法读物,本书做到了文风朴实。编写组在严谨注明法律依据和新旧法变化的同时,通过"间谍行为识别""反间谍提醒""普法小贴士"等模块,为读者诠释法律规定,以通俗易懂的话语帮助读者了解反间谍知识。全书使用了大量的典型事例,以案释法,进一步增强了可读性。其中,编写组充分运用了国家安全机关、最高人民法院、最高人民检察院等官方机构发布的危害国家安全典型案例,如境外公司谎称调研窃取我国高铁数据、某军工单位4人被境外间谍策反案、军工科研人员在国外访学被间谍策反等案例,通过这些触目惊心的典型事例,有助于读者认识到严峻的反间谍斗争形势,提高维护国家安全的意识。我相信,这本《中华人民共和国反间谍法公民普法读物》有助于公民全面学习了解反间谍相关内容,提高防范间谍活动的能力,共同维护国家安全。

当前国际形势复杂严峻、国际斗争日趋激烈。捍卫国家安全,离不开每一位公民的主动参与。我们都是国家安全大厦的一砖一瓦。国家安全一切为了人民、一切依靠人民。反间谍斗争是一场维护国家安全的人民战争，筑牢国家安全人民防线是赢得胜利的基础。

幸明军

2023 年 5 月于坡上村

目　录

第一章　间谍行为

1 | 间谍行为主要包括哪些？／001
2 | 什么是间谍组织和间谍组织代理人？／006
3 | 什么是接受间谍组织及其代理人的任务？／008
4 | 什么是资助、勾结实施间谍行为？／010
5 | 投靠间谍组织及其代理人属于间谍行为吗？／013
6 | 只有提供国家秘密的行为才是间谍行为吗？／014
7 | 什么是其他间谍活动？／017
8 | 什么是第三国间谍行为？／021
9 | 什么是网络间谍行为？／023

第二章　反间谍安全防范

1 | 当前我国反间谍工作面临怎样的形势？我国法律对反间谍安全防范宣传教育是如何规定的？任何个人和组织都有防范、举报各种间谍行为和提供间谍活动线索的义务吗？／028
2 | 国家机关、人民团体、企业事业组织和其他社会组织应当如何落实反间谍安全防范主体责任？／032

3 | 反间谍安全防范重点单位应当如何履行反间谍安全防范工作要求？／035

4 | 何为国家秘密？个人和组织是否可以获取、持有国家秘密？／039

5 | 何为专用间谍器材？常见的专用间谍器材有哪些？个人和组织是否可以生产、销售、持有和使用间谍器材？／042

6 | 什么是涉及国家安全事项的建设项目许可？／045

7 | 物流、电信、互联网单位和企业有义务提供反间谍工作支持和协助吗？／047

第三章　易被境外间谍机构策反的群体

1 | 哪些群体应警惕被策反利用？／050

2 | 间谍的常用策反手段有哪些？／053

3 | 为什么境外间谍组织把专家学者作为策反对象？／059

4 | 境外间谍组织策反我国国家机关工作人员的目的是什么？／062

5 | 为什么军工科研院所和军工企业工作人员会成为境外间谍组织的重点策反对象？／064

6 | 为什么高新技术研究人员成为境外间谍组织的重点策反对象？／067

7 | 境外间谍组织为什么会盯上我国出国留学人员和驻外机构工作人员？／070

8 | 境外间谍组织把大学生作为策反对象的原因是什么？／072

9 | 普通公民中哪些人容易被境外间谍组织"选中"利用？／076

第四章 法律责任

1. 我国有关防范、制止和惩治间谍行为的主要法律法规有哪些？／080
2. 明知他人实施间谍行为，为其提供信息、资金、物资、劳务、技术、场所等支持、协助，或者窝藏、包庇，有何后果？／082
3. 在境外受胁迫或者受诱骗参加间谍组织、敌对组织，从事危害中华人民共和国国家安全的活动，有可能不受追究吗？／086
4. 泄露有关反间谍工作的国家秘密的违法行为人，应当承担什么责任？／089
5. 明知他人有间谍犯罪行为，在国家安全机关向其调查有关情况、收集有关证据时，拒绝提供的，应当承担什么责任？／091
6. 故意阻碍国家安全机关依法执行任务，应当承担什么责任？／093
7. 隐藏、转移、变卖、损毁国家安全机关依法查封、扣押、冻结的财物，应当承担什么责任？／096
8. 明知是间谍行为的涉案财物而窝藏、转移、收购、代为销售或者以其他方法掩饰、隐瞒，应当承担什么责任？／097
9. 对依法支持、协助国家安全机关工作的个人和组织进行打击报复，应当承担什么责任？／099
10. 对国家安全机关工作人员的哪些违法行为应当依法追究法律责任？／100
11. 间谍行为是否都会被追究刑事责任？／102
12. 间谍行为能否由单位构成？／105
13. 实施间谍行为后能否争取从宽处理？／110

14 | 哪些行为是间谍行为以外的危害国家安全行为？／113

第五章　国家安全机关如何反间谍

1 | 反间谍工作的指导原则有哪些？／117

2 | 谁是反间谍工作的主管机关？参与反间谍工作的国家机关和组织还有哪些？／120

3 | 国家安全机关工作人员可以查验身份证明和随带物品，向有关个人和组织问询有关情况吗？／123

4 | 国家安全机关工作人员可以查验有关个人和组织的电子设备、设施及有关程序、工具吗？什么情形下可予以查封、扣押？／126

5 | 国家安全机关工作人员可以对涉嫌用于间谍行为的场所、设施或者财物采取查封、扣押、冻结措施吗？／130

6 | 国家安全机关应当如何处置依法收缴的罚款以及没收的财物？／133

7 | 为反间谍工作需要，国家安全机关可以就反间谍技术防范措施的落实采取哪些措施？／137

8 | 国家安全机关发现涉及间谍行为的网络信息内容或者网络攻击等风险，应该如何处理？／139

9 | 国家安全机关及其工作人员在工作中有哪些注意事项？／142

10 | 国家安全机关如何对开展反间谍工作的人员进行监督？／146

11 | 国家安全机关在作出行政处罚决定之前，需要遵守什么程序？／150

12 | 国家安全机关能够查阅调取相关资料吗？／153

13 | 国家安全机关能否对涉嫌违法人员进行传唤？传唤程序是什么？／156

| 14 | 国家安全机关对人身、物品、场所检查的范围和要求是什么？/ 161

| 15 | 什么情况下，国家安全机关能够依法限制有关人员出境？/ 163

| 16 | 调查处理后发现间谍行为涉嫌犯罪的，应如何处理？/ 165

| 17 | 国家安全机关的工作人员在执行任务过程中是否享有道路优先通行权？/ 167

| 18 | 国家安全机关的工作人员是否可以因工作需要征用公民私人财产？/ 169

第六章 公民如何反间谍

| 1 | 公民和组织在反间谍工作中主要负有哪些义务？/ 172

| 2 | 公民和组织在反间谍工作中享有哪些权利？/ 177

| 3 | 当公民或组织发现间谍行为时该如何做？/ 182

| 4 | 在反间谍工作中，公民和组织应该保守哪些秘密？/ 186

| 5 | 个人和组织支持、协助反间谍工作能够获得表彰和奖励吗？/ 189

| 6 | 为反间谍工作做出贡献的人员可以获得哪些保障？/ 192

| 7 | 当个人因协助执行反间谍工作任务，本人或者其近亲属的人身安全受到威胁或面临危险时，是否可以请求国家安全机关给予保护？/ 194

附录

中华人民共和国反间谍法（2023.4.26）/ 197

第一章 间谍行为

1. 间谍行为主要包括哪些？

答：2023年4月26日，十四届全国人大常委会第二次会议修订通过了《中华人民共和国反间谍法》。《中华人民共和国反间谍法》结合了时代背景与科技发展，在第四条进一步细化了关于"间谍行为"的定义。根据该条规定，间谍行为是指下列行为：（1）间谍组织及其代理人实施或者指使、资助他人实施，或者境内外机构、组织、个人与其相勾结实施的危害中华人民共和国国家安全的活动；（2）参加间谍组织或者接受间谍组织及其代理人的任务，或者投靠间谍组织及其代理人；（3）间谍组织及其代理人以外的其他境外机构、组织、个人实施或者指使、资助他人实施，或者境内机构、组织、个人与其相勾结实施的窃取、刺探、收买、非法提供国家秘密、情报以及其他关系国家安全和利益的文件、数据、资料、物品，或者策动、引诱、胁迫、收买国家工作人员叛变的活动；（4）间谍组织及其代理人实施或指使、资助他人实施，或者境内外机构、组织、个人与其相勾结实施针对国家机关、涉密单位或者关键信息基础设施等的网络攻击、侵入、干扰、控制、破坏等活动；（5）为敌人指示攻击目标；（6）进行其他间谍活动。

间谍行为识别

间谍,作为国家与国家或集团与集团之间进行军事、政治、外交斗争乃至经济、科技竞争的重要手段,是随着国家的产生而产生的。他以隐蔽的方式打入对方国家或者集团以及高级机关,进行拉拢策反、发展组织、渗透颠覆、搜情窃密以及其他各种破坏活动。随着我国综合国力不断提升,境外间谍情报机构危害我国国家安全的活动也更加活跃,他们拉拢策反的常用手法包括金钱收买、美色引诱、情感拉拢、胁迫恐吓以及出境、移民、求学、工作等非物质利益诱惑,搜情窃密主要采取派遣入境、实地窃取、布建"观察哨"、技术窃密、网络窃密等方式。境外间谍情报机构不仅以我国党政军机关、军工企业和科研院所等单位的核心岗位人员为目标,而且广泛撒网到学生、务工人员等普通群体,千方百计进行拉拢策反,搜集我国国家秘密和有关情报。

反间谍提醒

我国公民要进一步增强敌情意识,时刻保持警惕,一旦发现境外间谍情报机构实施拉拢策反和搜情窃密活动,要坚决抵制,并主动向国家安全机关举报,协助调查;同时要坚定理想信念,杜绝不良思想,自觉维护国家安全,保守国家秘密。无论是因蝇头小利逐渐落入圈套,还是因"移民美梦"被诱骗利用,这些为个人私利损害国家利益、危害国家安全的行为,都将付出惨痛代价。

📖 新旧法变化[1]

2023年《中华人民共和国反间谍法》	2014年《中华人民共和国反间谍法》
第四条 本法所称间谍行为，是指下列行为： （一）间谍组织及其代理人实施或者指使、资助他人实施，或者境内外机构、组织、个人与其相勾结实施的危害中华人民共和国国家安全的活动； （二）参加间谍组织或者接受间谍组织及其代理人的任务，**或者投靠间谍组织及其代理人**； （三）间谍组织及其代理人以外的其他境外机构、组织、个人实施或者指使、资助他人实施，或者境内机构、组织、个人与其相勾结实施的窃取、刺探、收买、非法提供国家秘密、情报**以及其他关系国家安全和利益的文件、数据、资料、物品**，或者策动、引诱、**胁迫**、收买国家工作人员叛变的活动； （四）间谍组织及其代理人实施或者指使、资助他人实施，或者	**第三十八条** 本法所称间谍行为，是指下列行为： （一）间谍组织及其代理人实施或者指使、资助他人实施，或者境内外机构、组织、个人与其相勾结实施的危害中华人民共和国国家安全的活动； （二）参加间谍组织或者接受间谍组织及其代理人的任务的； （三）间谍组织及其代理人以外的其他境外机构、组织、个人实施或者指使、资助他人实施，或者境内机构、组织、个人与其相勾结实施的窃取、刺探、收买或者非法提供国家秘密或者情报，或者策动、引诱、收买国家工作人员叛变的活动； （四）为敌人指示攻击目标的； （五）进行其他间谍活动的。

---

[1] 为了便于阅读和区分，本书在对照过程中，针对不同情况采取了特殊符号，现统一说明如下："加粗"的内容，为2023年《中华人民共和国反间谍法》较2014年《中华人民共和国反间谍法》新增的主要内容；"斜体"的内容，为变动的主要内容（包括部分表述的变动）；"删除线"的内容，系较原有法律删除的主要内容；"注"为本书编写组所作的说明。

续表

2023年《中华人民共和国反间谍法》	2014年《中华人民共和国反间谍法》
境内外机构、组织、个人与其相勾结实施针对国家机关、涉密单位或者关键信息基础设施等的网络攻击、侵入、干扰、控制、破坏等活动； （五）为敌人指示攻击目标； （六）进行其他间谍活动。 间谍组织及其代理人在中华人民共和国领域内，或者利用中华人民共和国的公民、组织或者其他条件，从事针对第三国的间谍活动，危害中华人民共和国国家安全的，适用本法。	

三、典型事例

1. 韩某间谍案[①]

韩某是某地的一名普通基层公务员。2016年12月，韩某赴外地旅游期间，通过手机交友软件与当地一网友结识，相谈甚欢。回到家中后，韩某经常在网上向对方分享自己的生活，并不时抱怨自己的工资太低。对方随即向韩某介绍，称自己的堂哥陈某能够提供兼职，帮助其赚取外快。随后，陈某添加韩某为微信好友，要求韩某提供当地的一些敏感信息，并承诺支付报酬。韩

---

① 参见亓玉昆：《共同筑牢维护国家安全的坚固屏障》，载《人民日报》2023年4月19日，第11版。

某应允后，陈某进一步以金钱为诱惑，指挥韩某搜集党政机关涉密文件。对方对韩某提供的文件资料极为重视，为确保安全，专门对韩某进行了间谍培训，教授其沟通联络、传递情报的具体手法，并派专人向韩某提供经费以及手机、SIM 卡等通联工具。此时，韩某在已经明知对方系境外间谍情报机关人员的情况下，为获取高额报酬，仍铤而走险继续搜集并提供涉密文件。

案发后，人民法院审理查明，韩某先后向对方提供文件资料 19 份，其中机密级文件 6 份、秘密级文件 8 份、被鉴定为情报的资料 5 份，累计收取间谍经费 12 万余元。2019 年 3 月，韩某因犯间谍罪被判处有期徒刑 11 年 6 个月，剥夺政治权利 4 年，并处没收个人财产 5 万元。

2. 赵某某间谍案①

赵某某是一名军工领域的科研人员，在赴国外大学做访问学者期间，被境外间谍情报机关人员一步步拉拢策反，出卖科研进展情况，严重危害我国国家安全。起初，对方只是约他吃饭出游、赠送礼物。随着双方关系拉近，对方不时向他询问一些敏感问题，并支付不菲的咨询费用。赵某某临近回国前，对方向他亮明了境外间谍情报机关人员身份，将赵某某策反。随后，该境外间谍情报机关为赵某某配备了专用 U 盘和网站，用于下达任务指令和回传情报信息。赵某某访学结束回国后，在国内多地继续与该境外间谍情报机关人员多次见面，通过当面交谈及专用网站传递等方式向对方提供了大量涉密资料，并以现金形式收受

---

① 参见亓玉昆：《共同筑牢维护国家安全的坚固屏障》，载《人民日报》2023 年 4 月 19 日，第 11 版。

间谍经费。不久后,赵某某的间谍行为引起了国家安全机关的注意。2019 年 6 月,国家安全机关依法对赵某某采取强制措施。2022 年 8 月,人民法院以间谍罪判处赵某某有期徒刑 7 年,剥夺政治权利 3 年,并处没收个人财产 20 万元。

2 什么是间谍组织和间谍组织代理人?

答:间谍组织,是指外国政府或地区政治集团建立的旨在策反我国公职人员、人民群众、商业组织等,向我国国家机构和各种组织进行渗透、窃取、刺探、收买、非法提供国家秘密和情报,进行颠覆和破坏活动的组织。

间谍组织代理人,是指受间谍组织或者其成员的指使、委托、资助,进行或者授意、指使他人进行危害我国国家安全活动的人。

间谍组织和间谍组织代理人由国务院国家安全主管部门确认。

间谍行为识别

间谍组织代理人往往以一些身份进行掩护,采取循序渐进的方式,利用各种手段策反拉拢或搜集情报,常见的伪装身份和手段如下:(1)学者,打着"学术交流"的旗号,非法搜集涉密敏感信息;(2)恋人、老乡和网友,以"交友"目的刻意接近能够提供情报的目标;(3)商业伙伴,利用商业往来进行宴请、送礼、行贿,拉拢腐蚀涉密人员,非法获取我国内部信息和文件资料,提供给境外公司和人员;(4)测绘人员和摄影师,以身份进行掩护,非法测绘我国地形或拍摄敏感图片并发往境外;(5)动植物爱好者,非法采集或购买我国野生动植物标本,运送至境外进行研究。

此外,间谍组织及其代理人也会根据一些特点来寻找适合发展成间谍的人进行拉拢策反:(1)见钱眼开,追求生活奢侈享受者;(2)迷恋西方思想,诋毁本国体制者;(3)个人成就动机极其强烈,渴望被万众瞩目者;(4)道德品质低下,生活作风不检点者。

反间谍提醒

我们不要以为间谍与反间谍的"故事"只出现在影片中,不要以为反间谍工作离我们很遥远,其实我们身边就有可能潜伏着窃取我国国家机密、严重威胁我国国家安全的间谍人员。在日常生活中,我们要对不明身份人员多加防范,防止掉入陷阱、被人利用。

三、典型事例

李某1被行政处罚案[①]

在校大学生李某1喜欢摄影,课余时间在网上发布兼职信息,希望通过拍照赚些零花钱。一位自称在东部某市的第三方监理公司人员贾某找到了李某1,提出只要拍些指定的军港照片,就可以赚取报酬。李某1虽然觉得有点奇怪,但因为能得到报酬就同意拍摄。不仅如此,李某1还带着自己的弟弟李某2一起去拍摄军港照片。之后,李某1给自己的表哥龚某打电话,请其帮忙编辑照片。身为某媒体记者的龚某一看到照片,震惊地发现李

---

① 参见《注意了!这个特殊号码,关乎"头等大事"》,载人民网2020年4月17日,http://cpc.people.com.cn/n1/2020/0417/c64387-31678305.html。

某 1 正在做一件危害国家安全的违法事情。2019 年 10 月，在龚某的带领下，李某 1、李某 2 前往当地国家安全机关投案自首。

经查，贾某的真实身份是境外间谍情报机关人员。鉴于李某 1 等人有自首情节，且案情较轻，国家安全机关依法从轻处罚，给予两人行政警告，并没收非法所得。

3 什么是接受间谍组织及其代理人的任务？

答：接受间谍组织及其代理人的任务，是指行为人受间谍组织及其代理人的命令、派遣、指使、委托为间谍组织服务，进行危害国家安全的活动。

根据《中华人民共和国刑法》第一百一十条、第一百一十三条的规定，参加间谍组织或者接受间谍组织及其代理人的任务，危害国家安全的，构成间谍罪既遂，处 10 年以上有期徒刑或者无期徒刑；情节较轻的，处 3 年以上 10 年以下有期徒刑；对国家和人民危害特别严重、情节特别恶劣的，可以判处死刑。

间谍行为识别

现阶段，高校、国有企业事业单位等向境外派遣留学生、访问学者的情况十分普遍。境外间谍情报机关借机将此作为"送上门的资源"，通过拉拢、策反等手段，在我国境外频繁进行活动，搜集、刺探有关情况，严重损害我国国家利益。此外，境外间谍情报机关还广泛活跃于各类网络平台，通过发送招聘邮件、刊登兼职广告、搭讪交友等方式，大肆策反我国境内人员。

反间谍提醒

随着国际战略格局的深刻变化，境外间谍情报机关运用人力和技术等各种方法手段，不断加大对我国间谍情报活动的力度。公民不论身处境内还是境外都要时时处处绷紧国家安全这根弦，不断增强法治意识、责任意识，时刻坚守底线，不崇洋媚外，不贪恋金钱与美色，避免吞食诱饵，难以摆脱。反间谍工作不仅关系国家安全、社会秩序稳定，而且关乎个人的前途与幸福。

三、典型事例

吴某某间谍案[①]

被告人吴某某，男，案发前系某机场航务与运行管理部运行指挥员。2020年7月，被告人吴某某通过自己及其姐姐、哥哥等人的"闲鱼"账号在"闲鱼"软件承接跑腿业务，某间谍组织代理人"鱼总"通过"闲鱼"软件的自动回复号码功能搜索添加了被告人吴某某的微信。后吴某某在金钱诱惑下被"鱼总"发展，并接受其要求提供政府机关重要人员到某机场的行程信息。被告人吴某某利用自己在该机场运行管理部担任运行指挥员的便利，多次刺探、截获政府机关重要人员的行程信息，并通过境外聊天软件发送给"鱼总"，共收取"鱼总"提供的间谍经费2.6万余元。

经鉴定，被告人吴某某为该间谍组织代理人"鱼总"提供的信息涉1项机密级军事秘密、2项秘密级军事秘密。最终，吴某某因犯间谍罪被判处有期徒刑13年，剥夺政治权利4年。

---

① 《检察机关依法惩治危害国家安全犯罪典型案例》，载最高人民检察院网2022年4月16日，https://www.spp.gov.cn/xwfbh/wsfbt/202204/t20220416_554500.shtml#1。

4. 什么是资助、勾结实施间谍行为？

答：根据《中华人民共和国反间谍法实施细则》第六条规定，《中华人民共和国反间谍法》所称"资助"实施危害中华人民共和国国家安全的间谍行为，是指境内外机构、组织、个人的下列行为：（1）向实施间谍行为的组织、个人提供经费、场所和物资的；（2）向组织、个人提供用于实施间谍行为的经费、场所和物资的。

根据《中华人民共和国反间谍法实施细则》第七条规定，《中华人民共和国反间谍法》所称"勾结"实施危害中华人民共和国国家安全的间谍行为，是指境内外组织、个人的下列行为：（1）与境外机构、组织、个人共同策划或者进行危害国家安全的间谍活动的；（2）接受境外机构、组织、个人的资助或者指使，进行危害国家安全的间谍活动的；（3）与境外机构、组织、个人建立联系，取得支持、帮助，进行危害国家安全的间谍活动的。

间谍行为识别

"资助间谍行为活动"是指明知对方是实施间谍行为的组织、个人或明知对方实施间谍行为，而以提供资金、场所和物资等方式，支持、帮助该组织、个人危害我国国家安全的行为。资助的主体既包括境内的机构、组织、个人，也包括境外的机构、组织、个人。这里所说的"勾结"不是一般意义上的对外交流交往，而是指境内外机构、组织、个人共同策划或者共同实施危害我国国家安全活动，或者接受境外机构、组织、个人的资助、指使，或者与间谍组织建立联系，取得支持、帮助，进行危害我国国家安全活动的行为。

反间谍提醒

为间谍行为活动提供经费、场所和物资的行为，往往是实施间谍行为的基础或前提，其社会危害性并不亚于直接实施间谍行为。在为他人或组织提供资金、场地和物资帮助时，要对对方的背景进行详细了解，切莫资助实施危害国家安全的行为，也切莫妄图与境外机构、组织、个人相"勾结"，进行危害我国国家安全的活动，这些行为一经实施，后果将难以挽回。

典型事例

我国台湾地区间谍郑某某案[①]

2019年4月，国家安全机关破获一起台湾间谍案，嫌犯郑某某被我国台湾地区情治单位发展针对大陆进行情报搜集，试图在C国等国策反大陆人员，并挑拨祖国与其他国家外交关系。

1977年出生的郑某某曾任某党前任主席卓某某助理，主要从事公开情报研究。自2004年起他长期在C国活动，案发前为C国某大学教授，2015年在C国发起成立某政经类研究所并自封所长。

在我国台湾地区读研期间，他曾经专门撰写了研究我国国家安全机关组织和架构的论文，也因此引起台湾情治机关的关注。2004年在"台北驻C国经济文化代表处"的一次迎新活动中，郑某某结识了"台北驻C国经济文化代表处代表"李某某。

[①] 参见范凌志、张天行：《大陆再公布"C国台谍案"，台媒：此刻曝光"台谍案"，对某党提出最后警告》，载环球网2020年10月13日，https：//taiwan.huanqiu.com/article/40GFeiKZDRs。

李某某透露自己在台湾某情治单位任职,并希望郑某某利用自己的情报研究能力,为台湾情报部门服务,两人一拍即合。

被台湾情报部门发展后,郑某某立足海外,疯狂开展情报搜集,希望用自己的情报绩效来证明个人能力,进而在台湾情治领域占据一席之地。

2008 年,郑某某回到我国台湾地区,经推荐到台湾某广播电台做节目,其间一名叫吕某某的女记者搭话,1982 年出生的吕某某真实身份是台湾某情治单位的制内间谍。吕某某提醒郑某某,要多创造机会去大陆,留意所接触到的专家和学者。郑某某 2011 年至 2013 年先后四次到大陆参加学术会议。后来,吕某某又将陶某某引荐给郑某某,陶某某也是台湾某情治单位的制内间谍,她赞赏郑某某关于成立研究所的建议。郑某某回到 C 国后,就依靠 C 国某大学成立了某政经类研究所并自封所长,以便参加更多国际组织的会议,搜集情报。

2019 年 1 月,郑某某收到 U 国某基金会研究员撰写的三篇炒作"中国威胁论"的文章,如获至宝的他为迎合某党当局想在国际上抹黑大陆、挑拨中国与其他国家外交关系的伎俩,遂在多个华人群里转发这些文章。郑某某还添油加醋杜撰很多虚构的故事,比如说在 C 国的华人华侨是中国间谍,为了增加可信度,篡改了消息来源,称这三篇文章是从 C 国政府单位内部获取的。这些谣言在当地华人圈引起一定的恐慌。此外,据国家安全机关介绍,郑某某还以中国驻 C 国大使馆人员、华侨侨领、公务团组等为目标开展渗透,意图策反人员安插"钉子",先后向台谍介报了多名大陆人员。

2019 年 4 月,郑某某因涉嫌间谍罪在进入大陆时被国家安全机关逮捕。在供述时他承认:"没有一个国家能够允许有人主张分裂国土,我是明白的,我做这个事情对大陆是有伤害的。"鉴于郑某某从事间谍情报活动的事实清楚、性质明确,国家安全机关以涉嫌间谍罪将案件移送检察院审查起诉,以追究其刑事责任。

5 投靠间谍组织及其代理人属于间谍行为吗?

答:2023年4月26日,十四届全国人大常委会第二次会议修订通过了《中华人民共和国反间谍法》。《中华人民共和国反间谍法》在第四条进一步细化了关于"间谍行为"的定义,其中第一款第二项规定,投靠间谍组织及其代理人的行为属于间谍行为。

间谍行为识别

目前已公开的案例中不乏部分接密人员为泄私愤和谋取一己私利,主动投靠间谍组织及其代理人的情形。实施这类间谍行为的行为人往往蓄谋已久,隐蔽性更强,他们直接携涉密资料主动投靠间谍组织及其代理人,希望长期为对方"效力",具有出卖国家秘密数量大、范围广、密级高等特点。

反间谍提醒

我国公民有维护国家的安全、荣誉和利益的义务。公民应支持、配合反间谍工作、保守国家秘密和反间谍工作秘密,自觉与各种危害国家安全的非法活动作斗争。作为我国公民,我们不能损公利私,不能因为个人利益而做出损害国家利益的事。一念之差就可能万劫不复，使人生背上洗不掉的污点。奉劝利欲熏心之徒，不要投机取巧，切莫做投靠间谍组织获取利益的白日梦，任何危害我国国家安全的行为都将受到法律的制裁。

三、典型事例

黄某间谍案[①]

1997年7月，黄某大学毕业后进入某研究所工作，后因违反劳动纪律受到单位处理，自2003年2月起待岗，2004年2月自动离职。其间，黄某对单位心生不满，且为获取非法金钱利益，产生了向境外间谍组织出卖国家秘密以换取金钱的念头。2002年春节后，黄某通过网络主动联络某国间谍组织，与之建立情报关系。2002年6月至2011年9月，黄某先后多次与该间谍组织代理人会面，并接受任务和指示，向该间谍组织提供其非法收集、窃取的我国国家秘密。

经鉴定、评估，黄某提供绝密级国家秘密90项、机密级国家秘密292项、秘密级国家秘密1674项，对国家安全造成了特别严重的损害。最终，黄某因犯间谍罪被判处死刑，剥夺政治权利终身。

6 只有提供国家秘密的行为才是间谍行为吗？

答：2023年4月26日，十四届全国人大常委会第二次会议修

[①] 参见《焦点访谈》：《致命的密码　身边的"暗战"（一）》，载央视网2016年4月18日，https://tv.cctv.com/2016/04/18/VIDE36J37NoOySPeCa0lL2NM160418.shtml。

订通过了《中华人民共和国反间谍法》。《中华人民共和国反间谍法》在第四条进一步细化了关于"间谍行为"的定义，根据第一款第三项规定，间谍组织及其代理人以外的其他境外机构、组织、个人实施或者指使、资助他人实施，或者境内机构、组织、个人与其相勾结实施的窃取、刺探、收买、非法提供国家秘密、情报以及其他关系国家安全和利益的文件、数据、资料、物品，或者策动、引诱、胁迫、收买国家工作人员叛变的活动属于间谍行为。所以，并不是只有提供国家秘密的行为才是间谍行为，窃取、刺探、收买国家秘密、情报以及其他关系国家安全和利益的文件、数据、资料、物品的行为，均属于间谍行为。

间谍行为识别

除了"国家秘密"外，情报以及其他关系国家安全和利益的文件、数据、资料、物品都属于窃密或泄密行为的行为对象。"情报"是指关系国家安全和利益、尚未公开的或者依照有关规定不应公开的事项。其他关系国家安全和利益的文件、数据、资料、物品认定时应以"是否关系国家安全和利益"进行严格限定。

在行为方式上，不仅仅是非法提供行为，窃取、刺探、收买都构成间谍窃密或泄密的方式。窃取，是指采取秘密手段非法占有。刺探，即侦探、打听，是指用探听或者一定的技术手段获取。收买，是指用金钱等财物为代价换取。正因为窃取、刺探、收买情报以及其他关系国家安全和利益的文件、数据、资料、物品，也同样严重危害国家的安全和利益，因此将其列入间谍行为予以规制。采取非法的行为方式是成立本项间谍行为的必要条件，对于正常的商贸往来、学术交流等，不能认定为间谍行为。

反间谍提醒

境外间谍情报机构为窃取我国机密文件、资料，会通过多种手段对能够接触到涉密资料的人员进行拉拢和策反，时常会以"高薪报酬"等为诱饵。一些人经不起金钱、美色诱骗，越陷越深，最终导致非法交易涉密文件。除《中华人民共和国反间谍法》外，《中华人民共和国刑法》第一百一十一条、第一百一十三条规定，为境外的机构、组织、人员窃取、刺探、收买、非法提供国家秘密或者情报的，处5年以上10年以下有期徒刑；情节特别严重的，处10年以上有期徒刑或者无期徒刑；情节较轻的，处5年以下有期徒刑、拘役、管制或者剥夺政治权利；对国家和人民危害特别严重、情节特别恶劣的，可以判处死刑。

典型事例

席某某为境外窃取、非法提供国家秘密、情报案[①]

席某某，男，1972年入伍，1981年转业到某国家机关工作。1996年7月至1997年3月，席某某为境外情报机构窃取、非法提供绝密、机密、秘密级文件和其他内部文件近百份，内容涉及政治、经济和国家安全等方面。为此，他先后领取境外情报机构支付的情报酬金美元4300元、台币14万元、人民币6600元及其他酬物。

1997年3月，某省国家安全机关根据掌握的线索，将席某某逮捕。某省中级人民法院对此案进行审理后认为，席某某身为

---

① 参见《席某某被判处无期徒刑》，载光明网1999年8月31日，https://www.gmw.cn/01gmrb/1999-08/31/GB/GM％5E18165％5E1％5EGM1-3107.HTM。

国家机关工作人员,所犯罪行特别严重,情节特别恶劣,严重危害国家安全和利益。人民法院以为境外窃取、非法提供国家秘密、情报罪,判处席某某无期徒刑,剥夺政治权利终身。

7 什么是其他间谍活动?

答: 其他间谍活动是间谍行为立法的兜底条款,为未能包括或难以包括的,以及未能预料到的情形预留空间。

普法小贴士

当不能确定有关敏感商业信息等事项是否涉密,或者有不同认识时,主要有不涉嫌犯罪和涉嫌犯罪两种情况。

1. 不涉嫌犯罪的情况

根据《中华人民共和国反间谍法》第四条第一款第三项,窃取、刺探、收买或者非法提供关系国家安全和利益的文件、数据、资料、物品,构成间谍行为。"其他关系国家安全和利益的文件、数据、资料、物品"是2023年修法时新增的内容,作为"国家秘密"和"情报"的补充。国家安全机关作为办案机关,按照一定的标准和程序认定案件中的相关信息是否属于"其他关系国家安全和利益的文件、数据、资料、物品",并作出是否给予行政处罚或处理的决定。

2. 涉嫌犯罪的情况

根据《中华人民共和国反间谍法》第三十八条规定,对违反《中华人民共和国反间谍法》规定,涉嫌犯罪,需要对有关事项是否属于国家秘密或者情报进行鉴定以及需要对危害后果进行评估的，由国家保密部门或者省、自治区、直辖市保密部门按照程序在一定期限内进行鉴定和组织评估。该条与《中华人民共和国保守国家秘密法》《国家秘密鉴定工作规定》相衔接，明确由保密行政管理部门组织国家秘密和情报的鉴定以及危害评估，并强调"在一定期限内"，避免时间过长，影响反间谍工作开展。

国家秘密鉴定和情报鉴定属于行政确认，在证据种类上属于书证，而非《中华人民共和国刑事诉讼法》上的鉴定意见。对鉴定结果有争议的，间谍犯罪嫌疑人、被告人无权提起复议、复核或者行政诉讼。

反间谍提醒

2023年修改《中华人民共和国反间谍法》的目的是防范、制止、惩治间谍情报机关实施的各种间谍违法犯罪活动，不针对在华合法经营、投资、从业的公司及其人员。我国反间谍工作坚持"积极防御"的原则，这鲜明体现了我国反间谍工作的正义性。有的境外媒体将依法调查处理间谍行动与国家、企业、人员之间的正常交流合作挂钩，这完全是误读，甚至是有意曲解、混淆视听。对于遵守中国法律、提供正常商业服务的公司及其人员，法律保护其合法权益。

关联法规

《国家秘密鉴定工作规定》第二条 本规定所称国家秘密鉴定，是指保密行政管理部门对涉嫌泄露国家秘密案件中有关事项是否属于国家秘密以及属于何种密级进行鉴别和认定的活动。

《国家秘密鉴定工作规定》第八条 中央一级办案机关申请国

家秘密鉴定的，应当向国家保密行政管理部门提出。省级及以下办案机关申请国家秘密鉴定的，应当向所在地省（自治区、直辖市）保密行政管理部门提出。

国家保密行政管理部门可以根据工作需要，对省（自治区、直辖市）保密行政管理部门负责鉴定的重大、疑难、复杂事项直接进行鉴定。

三、典型事例

境外公司谎称调研窃取我国高铁数据[①]

2020年年底，某市某信息科技公司的员工在网上聊天的过程中，被人拉入了一个微信群。随后，微信群内有人声称，自己是一家境外公司的工作人员，主要从事铁路运输方面的技术支持，为进入中国市场需要对中国的铁路网络进行调研，但是受新型冠状病毒肺炎疫情的影响，境外公司人员来华比较困难，所以委托境内公司采集中国铁路信号数据，包括物联网、蜂窝和GSM-R（轨道使用的频谱）等数据。

某信息科技公司很快应下了这个项目，但"境外公司""铁路信号""数据测试"这一系列敏感词也让他们心存疑虑。为了确认项目的合法性，该科技公司的销售总监王某向公司法务咨询了该项目的法律风险。法务认为数据的流出是不可控的，而且也不知道该境外公司拿到这个数据的最终目的是什么，非常有可能会危害到我们的国家安全，即使境外获取的数据在国家安全和技术层面没有法律风险，但也有可能侵犯到国内某通讯集

[①] 参见《失算的数据买卖》，载法治网2022年4月14日，http://www.legaldaily.com.cn/zt/content/2022-04/14/content_8703750.htm。

成公司的知识产权或商业秘密,建议公司一定要谨慎考虑开展这次合作。

在与境外公司的邮件中,这家公司表达了自己的担心,并希望对方提供相应的合法性文件。对方回复道:"你担心这个项目会有什么样的法律风险?我们在其他国家进行此类测试时,没有人让我们提供过任何相关的文件。"对方催促项目要尽快开展,并把需要的设备清单提供给该信息科技公司。由于器材设备普通易购,并非专用间谍器材,一个是天线,一个是SDR设备(连接天线跟电脑之间的设备),一个是电脑,还有就是移动硬盘;这样的设备清单,大大减小了该信息科技公司的疑虑。双方约定了两个阶段的合作:第一阶段由该信息科技公司按照对方要求购买、安装设备,在固定地点采集3G、4G、5G、WiFi和GSM-R信号数据;第二阶段则进行移动测试,由该信息科技公司的工作人员背着设备到对方规定的北京、上海等16个城市及相应高铁线路上,进行移动测试和数据采集。然而,在双方的合同中,合作涉及的这些具体又敏感的内容完全没有被提及。该信息科技公司为该境外公司开通了远程登录端口,把远程端口的登录名和密码交给对方。

在利益的驱使下,国内这家信息技术公司默许对方源源不断获取我国铁路信号数据。直到5个月后,合同快到期准备续签时,经过咨询,该信息科技公司决定不做这个项目了。为了继续从中获取利益,在王某和迟某的撮合下,第二家公司很快就与境外公司建立了合作关系,王某和迟某直接拿到了9万元的分成。

经鉴定,两家公司为境外公司搜集、提供的数据涉及铁路GSM-R敏感信号。GSM-R是高铁移动通信专网,直接用于高铁列车运行控制和行车调度指挥，是高铁的"千里眼、顺风耳"，承载着高铁运行管理和指挥调度等各种指令。两家公司的行为是《中华人民共和国数据安全法》《中华人民共和国无线电管理条例》等法律法规严令禁止的行为。相关数据被国家保密行政管理部门鉴定为情报，相关人员因涉嫌犯罪于2021年12月31日被某市国家安全局逮捕。

这起案件是《中华人民共和国数据安全法》实施以来，首例涉案数据被鉴定为情报的案件，也是我国首例涉及高铁运行安全的危害国家安全类的案件。

8 什么是第三国间谍行为？

答：2023年修改的《中华人民共和国反间谍法》第四条第二款新增"第三国间谍行为"，即"间谍组织及其代理人在中华人民共和国领域内，或者利用中华人民共和国的公民、组织或者其他条件，从事针对第三国的间谍活动，危害中华人民共和国国家安全的"行为。

普法小贴士

第三国间谍行为并不直接针对我国，但是因为其活动发生于我国领域内，或者利用了我国的公民、组织或者其他条件，容易对我国国家安全、外交大局等造成现实影响和实质危害。如果受损害的国家认为我国默许甚至支持对其开展间谍行为，或者误认为是我国的行为等，都会造成外交上的被动局面。

反间谍提醒

近年来,相当一部分"针对第三国间谍行为"发生在网络上。间谍情报机关往往会利用网络的匿名性和虚拟性,运用技术手段篡改自己的传输控制协议和互联网协议(TCP/IP)来伪造地址,并借助僵尸网络作掩护发起攻击,从而隐藏自己的真实身份,让受害国误解为第三方攻击,甚至引起受害国对第三国的错误报复。我国有关大型网络公司已发现境外人员在我国境内,利用我国网络对他国进行攻击的现象。[①]

典型事例

我国互联网遭受境外网络攻击[②]

国家互联网应急中心监测发现,2022年2月下旬以来,我国互联网持续遭受境外网络攻击,境外组织通过攻击控制我境内计算机,进而对俄罗斯、乌克兰、白俄罗斯进行网络攻击。经分析,这些攻击地址主要来自西方某大国甲国,仅来自该国A州的攻击地址就有10余个,攻击流量峰值达36Gbps,87%的攻击目标是俄罗斯,也有少量攻击地址来自欧洲乙、丙等国家。(见表1)

表1 网络攻击地址与被攻击目标

序号	攻击地址		被攻击目标
1	107.174.250.×××	甲国B州	俄罗斯

---

① 参见周玉华:《新时期总体国家安全观视阈下间谍犯罪立法比较与修改》,载《法学评论》2022年第6期。

② 参见王思北:《我国互联网遭受境外网络攻击》,载新华网2022年3月11日,http://www.news.cn/2022-03/11/c_1128460832.htm。

续表

序号	攻击地址		被攻击目标
2	107.172.249.×× ×	甲国A州	俄罗斯
3	192.210.239.×× ×	甲国B州	乌克兰
4	107.172.188.×× ×	甲国A州	俄罗斯
5	66.150.130.×× ×	甲国C州	俄罗斯
6	51.195.20.×× ×	乙国A州	俄罗斯
7	199.188.101.×× ×	甲国D州	俄罗斯
8	136.144.41.×× ×	丙国	俄罗斯
9	96.8.121.×× ×	甲国E州	俄罗斯
10	135.148.91.×× ×	甲国F州	白俄罗斯

9 什么是网络间谍行为？

答：2023年修改的《中华人民共和国反间谍法》新增第四条第一款第四项"网络间谍行为"，即"间谍组织及其代理人实施或者指使、资助他人实施，或者境内外机构、组织、个人与其相勾结实施针对国家机关、涉密单位或者关键信息基础设施等的网络攻击、侵入、干扰、控制、破坏等活动"。2023年修法时应现实需要，将网络间谍行为专门单列一项，同时衔接《中华人民共和国国家安全法》《中华人民共和国网络安全法》《中华人民共和国数据安全法》等规定，有利于我国及时防范、依法打击网络间谍行为，维护网络安全。尤其是反间谍安全防范重点单位，应当按照反间谍技术防范的要求和标准，采取相应的技术措施和其他必要措施，加强对要害部门部位、网络设施、信息系统的反间谍技术防范。[①]

---

① 参见《中华人民共和国反间谍法》第二十条。

对于网络间谍信息的处置，《中华人民共和国反间谍法》区分了一般情况和紧急情况两类处置程序。一般情况下，国家安全机关发现涉及间谍行为的网络信息内容或者网络攻击等风险，应当及时通报电信主管部门和网信部门，由其依法处置或者责令电信业务经营者、互联网服务提供者及时采取修复漏洞、加固网络防护、停止传输、消除程序和内容、暂停相关服务、下架相关应用、关闭相关网站等措施，保存相关记录；情况紧急，不立即采取措施将对国家安全造成严重危害的，由国家安全机关责令有关单位修复漏洞、停止相关传输、暂停相关服务，并通报有关部门。经采取相关措施，涉及间谍行为的网络信息内容或者网络攻击风险已经消除的，国家安全机关和有关部门应及时作出恢复相关传输和服务的决定。

对于涉及间谍行为的网络攻击、程序漏洞等，国家安全机关可以依据《中华人民共和国反间谍法》第二十二条、第二十五条的要求指导有关单位落实反间谍技术防范措施，对存在隐患的单位，经过严格的批准手续，可以进行反间谍技术防范检查和检测。查验有关个人和组织的电子设备、设施及有关程序、工具。发现存在网络攻击和程序漏洞等危害国家安全情形的，国家安全机关应责令其采取修复漏洞、加固网络防护等措施立即整改。对于拒绝整改或整改后仍存在危害国家安全隐患的，可以予以查封、扣押。

间谍行为识别

凡是与间谍行为相关的网络信息都属于"涉及间谍行为的网络信息内容"，包括间谍组织代理人注册使用的网络聊天账号、用来传递信息的云空间账号、间谍组织用来递补间谍经费的专用网站、在互联网上传播的国家秘密等。对于"涉及间谍行为的网络信息内容",相关单位应当为国家安全机关依法履职提供必要的支持和协助。

反间谍提醒

没有网络安全就没有国家安全。围绕网络空间的主导权和制网权的斗争日渐激烈,反华势力和别有用心者大肆开展网络渗透、策反、窃密和网络攻击等活动,并向政治、经济、文化、社会、生态、国防等领域传导,给我国国家安全造成了严重危害。

电信业务经营者、互联网服务提供者等有关单位应提高网络安全防范意识,建立健全制度规定,完备保护措施,提高保护技术。电信业务经营者、互联网服务提供者等有关单位应当依法为反间谍工作提供支持和协助,否则将承担法律责任。

国家安全机关可以根据违法情节和具体情况采取以下措施:一是责令改正、约谈、予以警告或者通报批评;二是对于拒不改正或者情节严重的,网信等有关主管部门依据《中华人民共和国网络安全法》等法律法规予以处分和处罚。

三、典型事例

斩断危害中国数据安全的魔手:揭秘疯狂对华实施数据窃取的 ATW 组织[①]

ATW 组织成立于 2021 年 6 月,是一个以欧洲、北美地区从事程序员、网络工程师等职业的人员自发组织成立的松散网络组织。ATW 组织自成立伊始,便表达了鲜明的反华立场,公开

---

① 参见《独家揭秘!这个核心成员来自欧美的组织,正对中国疯狂实施网络攻击!》,载环球网 2023 年 2 月 20 日,https://world.huanqiu.com/article/4BlsgnR7Ukh。

称"将主要针对中国、朝鲜和其他国家发布政府数据泄密帖子",还专门发布过一篇题为"ATW-对华战争"的帖子,赤裸裸地支持"台独"、鼓噪"港独"、炒作新疆"人权问题"。

据不完全统计,自2021年以来,ATW组织披露涉我重要信息系统源代码、数据库等敏感信息70余次,宣称涉及我国100余家单位的300余个信息系统。2022年1月7日,ATW组织声称出售"中国大量政府、非政府组织、机构和公司数据,待售数据涉及102家中国实体单位"。2022年8月12日,ATW组织在推特发布数据售卖帖,称其从某科技公司服务器获取了4000条警察人员的电话号码和姓名数据。

长期跟踪发现,ATW组织平日活跃成员6名,多从事程序员、网络工程师相关职业,主要位于A、B、C、D等国。

调查发现,ATW组织宣称攻击窃取涉我党政机关、科研机构等单位的数据,实则均来源于为我重要单位提供软件开发的中小型信息技术和软件开发企业,窃取数据也多为开发过程中的测试数据。主要针对SonarQube、Gogs、Gitblit等开源网络系统存在的技术漏洞实施大规模扫描和攻击,进而通过"拖库"窃取相关源代码、数据等。相关信息可用于对涉及的网络信息系统实施进一步漏洞挖掘和渗透攻击,属于典型的"供应链"攻击。

为凸显攻击目标和所窃数据重要性,该组织多次对所窃数据进行歪曲解读、夸大其词,竭力配合西方政府为我扣上"网络威权主义"帽子,并大力煽宣、诋毁中国的数据安全治理能力,行径恶劣,气焰嚣张,自我炒作、借机攻击中国的意图十分明显。

针对严峻的网络间谍威胁,软件开发企业应立即修复Sonar-

Qube、VueJs、Gogs、GitLab、Gitblit 等软件漏洞，严格控制公网访问权限，及时修改默认访问密码，进一步提高对源代码的安全管理能力；同时，加强系统源代码安全审计，及时发现并修复软件安全漏洞，防止黑客利用系统漏洞进行攻击，并对重要信息系统源码及数据进行加密存储，落实网络安全防护措施。

第二章　反间谍安全防范

1 当前我国反间谍工作面临怎样的形势？我国法律对反间谍安全防范宣传教育是如何规定的？任何个人和组织都有防范、举报各种间谍行为和提供间谍活动线索的义务吗？

答：中华人民共和国成立以来，我国的反间谍斗争一直面临严峻的局面。由于意识形态、政治制度、大国地位和复杂的地缘政治关系的叠加影响，激烈性、艰巨性和长期性一直是我国反间谍斗争的明显特征。进入新时期以来，随着我国国家实力和国际地位的明显上升，国际局势面临百年未有之大变局，国际斗争形势进一步加剧，恐怖主义、分离主义等各种传统和非传统威胁日益凸显，境内和境外敌对势力对我国的渗透明显加强。而且，随着新科技、网络、信息技术等的快速发展，各种新型间谍手段和技术层出不穷，令人防不胜防。数量多、手段多样、威胁大、境内外互相勾连、斗争空前激烈是我国当前面临的间谍活动的显著特征，我国反间谍工作任重道远。

在全社会大力开展反间谍安全防范教育、大力提升全民的反间谍意识、引导全民积极学习反间谍常识与知识，是我国反间谍工作中一项极为重要的任务。我国反间谍立法工作对此也非常重视,《中华人民共和国反间谍法》第十二条和第十三条明确规定：（1）国家机关、人民团体、企业事业组织和其他社会组织承担本单位反间谍安全防范工作；（2）各级人民政府和有关部门应当组织开展反间谍安全防范宣传教育，将反间谍安全防范知识纳入教育、培训和普法宣传内容；（3）新闻、广播、电视、文化、互联网信息服务等单位应当有针对性地向全社会开展反间谍宣传教育；（4）国家安全机关依法协调指导、监督检查反间谍安全防范工作。

另外，国家安全部颁布的《反间谍安全防范工作规定》第十三条至第十七条对主要的安全防范教育工作作了具体和细化规定：（1）国家安全机关运用网络、媒体平台、国家安全教育基地（馆）等，开展反间谍安全防范宣传教育；（2）国家安全机关会同教育主管部门，指导学校向全体师生开展反间谍安全防范教育，对参加出国（境）学习、交流的师生加强反间谍安全防范行前教育和回国（境）访谈；（3）国家安全机关会同科技主管部门，指导各类科研机构向科研人员开展反间谍安全防范教育，对参加出国（境）学习、交流的科研人员加强反间谍安全防范行前教育和回国（境）访谈；（4）国家安全机关会同有关部门，组织、动员居（村）民委员会结合本地实际配合开展群众性反间谍安全防范宣传教育；（5）国家安全机关会同宣传主管部门，协调和指导广播、电视、报刊、互联网等媒体开展反间谍安全防范宣传活动，制作、刊登、播放反间谍安全防范公益广告、典型案例、宣传教育节目或者其他宣传品，提高公众反间谍安全防范意识。

防范和打击各类间谍活动，仅仅依靠国家安全机关是远远不够的，只有打人民战争，将专业机关的专业活动和群众路线有机结合起来并且结合好，才能有效开展反间谍工作。除了专业机构和人员，其他任何社会组织和个人都有义务积极防范、举报各类间谍活动，提供间谍活动线索。

反间谍提醒

我国目前面临的反间谍斗争形势严峻且复杂，国家机关、人民团体、企事业单位等所有组织和每一个公民对此应该有清醒、明确的认识，按照法律规定和要求，积极组织、自觉参加反间谍防范教育工作，增强反间谍意识，努力学习反间谍常识和知识，积极防范、揭发、举报各种间谍行为和线索，打人民战争，有效配合专门机关的工作。

关联法规

《中华人民共和国反间谍法》第十三条　各级人民政府和有关部门应当组织开展反间谍安全防范宣传教育，将反间谍安全防范知识纳入教育、培训、普法宣传内容，增强全民反间谍安全防范意识和国家安全素养。

新闻、广播、电视、文化、互联网信息服务等单位，应当面向社会有针对性地开展反间谍宣传教育。

国家安全机关应当根据反间谍安全防范形势，指导有关单位开展反间谍宣传教育活动，提高防范意识和能力。

典型事例

J 国的对华间谍情报活动

2007 年 3 月 23 日至 27 日，J 国人佐藤某某、水上某某等人携带手持 GPS 接收机、地形图光盘、笔记本电脑等设备，以考古、学术交流的名义在某省多地，擅自实施测绘窃密活动。国家安全机关联合测绘部门对佐藤某某等人进行审查，发现他们采集的坐标点位数据中有 2 个绝密级、4 个机密级、1 个秘密级军事秘密，对我军事设施安全构成严重威胁。[①] 2010 年 2 月 20 日，某一 J 国公民携带手持 GPS 接收机在某地进行测绘活动，其采集的地理坐标信息共 598 个，其中 588 个位于西部某地区内，涉及该地军事管理区的有 85 个。[②] 2016 年 5 月，一名 50 多岁 J 国男子因在中国从事间谍活动被起诉。该男子在军事设施周边拍摄照片时被有关部门控制，并于当年 9 月被捕。[③] 2017 年 3 月，在东部某省和南部某省抓获了 6 名分别属于"J 国地下探查株式会社"和所谓"某温泉开发公司"的工作人员，这些涉嫌在华从事间谍活动的 J 国人被捕前，曾分别深入两地实施非法勘测活动，使用中国明令禁止的放射性伽马测量技术。据调查结果显示，过去十年间，两家公司均在华实施超过 30 次非法勘测活动。办案人员在涉案人员的电子设备中发现了大量的涉密资料，包括近 80 份涉密地图。[④] 诸如此类的 J 国间谍案件还有很多。

[①] 启东法院：《这些案件，都与危害国家安全有关》，载澎湃网 2020 年 4 月 15 日，https：//m. thepaper. cn/baijiahao_ 7008178。

[②] 国家测绘地理信息局法规与行业管理司：《J 国某公民在西部某地区非法测绘案》，载中华人民共和国自然资源部网 2011 年 8 月 15 日，https：//m. mnr. gov. cn/zt/hd/chfxcr/2011chxcr_ 30544/2011chfxc_ dxwfaj/201807/t20180727_ 2153528. html。

[③] 参见国际在线：《中国已起诉 1 名涉间谍活动 J 国人 疑偷拍军事设施》，载人民网 2016 年 5 月 24 日，http：//military. people. com. cn/n1/2016/0524/c1011－28375377. html。

[④] 参见白云怡：《内情披露：J 国公司在华非法勘测活动频现 危害我国家安全》，载环球网 2017 年 7 月 27 日，https：//world. huanqiu. com/article/9CaKrnK4kDp。

2. 国家机关、人民团体、企业事业组织和其他社会组织应当如何落实反间谍安全防范主体责任？

答： 反间谍安全防范工作必须全社会齐抓共管、一起努力，才能有效编织反间谍工作的天网，及时、有效地预防、识别和打击各种间谍行为。《中华人民共和国反间谍法》对此有明确规定，不同类型的机关和组织要各司其职、分工负责，具体而言：（1）国家机关、人民团体、企业事业组织和其他社会组织各自负责本单位的反间谍安全防范工作；（2）地方各级人民政府和相关行业主管部门管理各自地区和行业的反间谍安全防范工作；（3）国家安全机关依法协调指导、监督检查反间谍安全防范工作。

《反间谍安全防范工作规定》第七条第一款明确规定了行业主管部门应当履行的反间谍安全防范监督管理责任：（1）根据主管行业特点，明确本行业反间谍安全防范工作要求；（2）配合国家安全机关制定主管行业反间谍安全防范重点单位名录、开展反间谍安全防范工作；（3）指导、督促主管行业所属重点单位履行反间谍安全防范义务；（4）其他应当履行的反间谍安全防范行业管理责任。第八条明确规定了机关、团体、企业事业组织和其他社会组织落实反间谍安全防范主体责任应当履行的主要义务：（1）开展反间谍安全防范教育、培训，提高本单位人员的安全防范意识和应对能力；（2）加强本单位反间谍安全防范管理，落实有关安全防范措施；（3）及时向国家安全机关报告涉及间谍行为和其他危害国家安全行为的可疑情况；（4）为国家安全机关依法执行任务提供便利或者其他协助；（5）妥善应对和处置涉及本单位和本单位人员的反间谍安全防范突发情况；（6）其他应当履行的反间谍安全防范义务。

为了保证上述责任和义务履行到位,《中华人民共和国反间谍法》还对违反上述责任和义务的单位明确了处罚措施,即根据具体情况和情节轻重,可以采取责令改正、约谈、警告、通报批评,由有关部门处分等措施。

🎯 反间谍提醒

各类国家机关、人民团体、企业事业组织和其他社会组织都负有开展反间谍安全防范工作的责任和义务,必须依照法律和国家安全机关等有关机关的要求和指令组织实施反间谍安全防范工作,采取各种必要的举措,如果怠于履行,将受到法律的处罚。

📋 关联法规

《中华人民共和国反间谍法》第十二条 国家机关、人民团体、企业事业组织和其他社会组织承担本单位反间谍安全防范工作的主体责任,落实反间谍安全防范措施,对本单位的人员进行维护国家安全的教育,动员、组织本单位的人员防范、制止间谍行为。

地方各级人民政府、相关行业主管部门按照职责分工,管理本行政区域、本行业有关反间谍安全防范工作。

国家安全机关依法协调指导、监督检查反间谍安全防范工作。

《中华人民共和国反间谍法》第五十六条 国家机关、人民团体、企业事业组织和其他社会组织未按照本法规定履行反间谍安全防范义务的,国家安全机关可以责令改正;未按照要求改正的,国家安全机关可以约谈相关负责人,必要时可以将约谈情况通报该单位上级主管部门;产生危害后果或者不良影响的,国家安全机关可以予以警告、通报批评；情节严重的，对负有责任的领导人员和直接责任人员，由有关部门依法予以处分。

三、典型事例

张某某被渗透策反案①

张某某 1990 年被分配至某省某国防军工研究所工作，案发前任高级工程师，研究领域涉及我重要军事武器装备，甚至尖端武器研发。2011 年 11 月至 2012 年 11 月，张某某被公派至某西方国家学习。该国间谍情报人员为掩护身份，经相关学者介绍，通过感情拉拢和金钱诱惑等方式与张某某接触。2012 年 9 月，境外间谍情报人员表明身份，将张某某策反。张某某向对方提供了我军工科研院所、军工研究领域及相关武器装备等情况，收取对方情报报酬。张某某回国后，继续利用工作便利，搜集了一大批我重要武器装备研究、生产等情报，并按照该国间谍情报人员布置要求，计划于 2014 年 7 月借赴该国参加学术研讨机会传递情报。国家安全机关提前掌握张某某出境传递情报的线索，及时实施抓捕，避免危害扩大。2017 年 5 月，某市中级人民法院以间谍罪判处张某某有期徒刑 15 年。

国家安全部相关负责人提醒，境外间谍情报机关一直以我军队和军工企业、国防科研院所、涉军民企作为重点渗透目标，采用各种手段窃取我国防军事、武器装备等机密情报，威胁我军事安全。随着我国前所未有地接近实现中华民族伟大复兴的目标，境外间谍情报机关对我渗透策反和情报窃密活动更加猖獗，

---

① 参见徐隽：《维护国家安全　保障人民利益：国家安全部公布一批危害国家安全典型案件》，载人民网 2020 年 4 月 17 日，http://politics.people.com.cn/n1/2020/0417/c1001-31676820.html。

手段无所不用其极。境外间谍情报机关以我党政机关为目标，千方百计进行拉拢策反，刺探我内政外交核心机密，威胁我政治安全和国家核心秘密安全。

3 反间谍安全防范重点单位应当如何履行反间谍安全防范工作要求？

答：我国在反间谍安全防范工作方面的一个重要制度是反间谍安全防范重点单位管理制度。虽然每个单位都有反间谍安全防范义务，但由于每个单位的工作性质不同，反间谍安全防范的义务和责任、重要性区别很大，中央和地方首脑机关、军队、重点科研院所、军工企业、高科技企业等涉密性强的单位是反间谍安全防范工作的重点目标，需要予以重点保护和防范。《反间谍安全防范工作规定》第九条明确要求国家安全机关会同有关部门制定并定期调整反间谍安全防范重点单位名录，以书面形式告知重点单位。根据《中华人民共和国反间谍法》的要求，反间谍安全防范重点单位应当建立反间谍安全防范工作制度，明确内设职能部门和人员承担反间谍安全防范职责，加强对工作人员反间谍安全防范的教育和管理，对离岗离职人员脱密期内履行反间谍安全防范义务的情况进行监督检查，加强对涉密事项、场所、载体等的日常安全防范管理，采取反间谍物理防范措施，对要害部门部位、网络设施、信息系统采取相应的技术措施和其他必要措施进行防范。

另外，《反间谍安全防范工作规定》第九条还规定，反间谍安全防范重点单位还应当履行九项特别防范义务：（1）建立健全反间谍安全防范工作制度；（2）明确本单位相关机构和人员承担反间谍安全防范职责；（3）加强对涉密事项、场所、载体、数据、岗位和人员的日常安全防范管理，对涉密人员实行上岗前反间谍安全防范审查，与涉密人员签订安全防范承诺书；（4）组织涉密、涉外人员向本单位报告涉及国家安全事项，并做好数据信息动态管理；（5）做好涉外交流合作中的反间谍安全防范工作，制定并落实有关预案措施；（6）做好本单位出国（境）团组、人员和长期驻外人员的反间谍安全防范行前教育、境外管理和回国（境）访谈工作；（7）定期对涉密、涉外人员开展反间谍安全防范教育、培训；（8）按照反间谍技术安全防范标准，配备必要的设备、设施，落实有关技术安全防范措施；（9）定期对本单位反间谍安全防范工作进行自查，及时发现和消除安全隐患。

反间谍提醒

重点防范单位既是反间谍防范的重点，也是敌对情报机构渗透的重点，必须时时刻刻绷紧反间谍安全防范这根弦，做好各项安全防范工作。

关联法规

《中华人民共和国反间谍法》第十七条 国家建立反间谍安全防范重点单位管理制度。

反间谍安全防范重点单位应当建立反间谍安全防范工作制度，履行反间谍安全防范工作要求，明确内设职能部门和人员承担反间谍安全防范职责。

《中华人民共和国反间谍法》第十八条 反间谍安全防范重点单位应当加强对工作人员反间谍安全防范的教育和管理，对离岗离职人员脱密期内履行反间谍安全防范义务的情况进行监督检查。

《中华人民共和国反间谍法》第十九条　反间谍安全防范重点单位应当加强对涉密事项、场所、载体等的日常安全防范管理，采取隔离加固、封闭管理、设置警戒等反间谍物理防范措施。

《中华人民共和国反间谍法》第二十条　反间谍安全防范重点单位应当按照反间谍技术防范的要求和标准，采取相应的技术措施和其他必要措施，加强对要害部门部位、网络设施、信息系统的反间谍技术防范。

典型事例

某军工单位 4 人被境外间谍策反案[①]

2015 年，针对境外间谍情报机关围绕我国国防军工领域实施的情报窃密活动，国家安全机关展开了代号为"扫雷"的专项行动，一举抓获了 4 名涉嫌危害国家安全的人员。这 4 个人就职于同一家国防军工单位，且互相之间并不认识，却分别被境外的间谍情报机关发展利用，他们到底是怎么被发展的呢？

2014 年 10 月，该国防军工单位热表车间的"90 后"青年文某像往常一样玩手机 QQ，在"附近的人"一栏中弹出了一名网友 H，资料显示"附近单位职工需要兼职的请联系我"。在文某表明自己是国防军工单位员工的身份后，H 自称是境外某报社的记者，希望文某能够提供工作中接触到的内部资料，并承诺每月支付 3200 元的报酬。在经济利益的驱使下，文某先后多次向 H 提供了所在单位生产军品的型号、月产量、使用的特殊材料等

[①] 参见《某军工单位四人被策反　泄露国防机密》，载央视网 2015 年 10 月 19 日，http：//m.news.cntv.cn/2015/10/19/ARTI1445200364822122.shtml。

涉密信息。

同样是"90后"的王某在该国防军工单位技术部门任职，父母都是国家公职人员。因对现实工资待遇不满，王某在网上寻求兼职时认识了H。H的QQ签名为"兼职赚外快，待遇优，非直销，诚信至上"。王某被兼职每月三四千元的收入冲昏了头脑，认为自己所提供的单位动态信息只要不属于涉密信息就可以打打"擦边球"，于是频频为对方提供军品涉及的定型情况、样品编号、试验节点、出现故障情况等信息。

2014年，参加工作近10年的吴某有了离职的想法。他在某招聘网站上投放了简历，并留下了联系方式，"工作履历"一栏中表明自己有某国防军工单位的工作经历。不久，吴某收到了某猎头公司发来的电子邮件，要求吴某提供工作证明以便求职，吴某便将自己与单位签订的劳动合同以及印有自己所在部门姓名及照片的工作证件扫描后发送至对方邮箱。很快，对方通知吴某被聘用，工作内容是提供该国防军工单位尚未公开的内部信息，年薪高达50万元至120万元。面对如此丰厚的报酬，吴某动了心，但结合自己曾在单位接受的保密教育及自身认知，吴某意识到对方可能是境外间谍人员。吴某摇摆不定的态度也使其成为境外间谍情报机构发展的重点目标，留下了巨大的安全隐患。

2013年年初，在该国防军工单位技术部门供职的李某接到亲戚的电话，称境外朋友S想了解一些航空航天方面的知识，希望与李某建立联系。有着保密意识的李某一开始对此婉言拒绝，但在亲戚的多次劝说下，李某还是与S建立了联系。S以公司做市场调查准备进军航空航天领域为由，要求李某利用工作之便搜集航天航空方面的期刊、杂志、论文等资料。由于单位内部资料管理较严，李某多次借阅资料未果，没能如期完成 S 交代的任务。为顾及情面，李某向 S 推荐了在某航空航天大学读研究生的成某，导致成某被策反，李某也成为境外间谍情报机关的帮凶。

上述 4 人是同一国防军工单位的员工，所在单位为反间谍重点防范单位，安全防范工作存在比较多的问题：防范教育不到位，有些员工反间谍意识不够强，单位检查监督不到位。这给国家造成重大损失，教训惨痛。

4 何为国家秘密？个人和组织是否可以获取、持有国家秘密？

答：所谓国家秘密，根据《中华人民共和国保守国家秘密法》第二条的规定，是指关系国家安全和利益，依照法定程序确定，在一定时间内只限一定范围的人员知悉的事项。根据《中华人民共和国保守国家秘密法》第十条的规定，国家秘密的密级分为绝密、机密和秘密三级。绝密级国家秘密是最重要的国家秘密，泄露会使国家安全和利益遭受特别严重的损害；机密级国家秘密是重要的国家秘密，泄露会使国家安全和利益遭受严重的损害；秘密级国家秘密是一般的国家秘密，泄露会使国家安全和利益遭受损害。国家秘密的密级在文件或载体上都有明确标识。国家秘密的客体，既包括涉密文件和资料，也包括涉密数据和物品。

根据《中华人民共和国保守国家秘密法》第九条第一款的规定，国家秘密涵盖的范围主要为以下领域：（1）国家事务重大决策中的秘密事项；（2）国防建设和武装力量活动中的秘密事项；（3）外交和外事活动中的秘密事项以及对外承担保密义务的秘密事项；（4）国民经济和社会发展中的秘密事项；（5）科学技术中的秘密事项；（6）维护国家安全活动和追查刑事犯罪中的秘密事项；（7）经国家保密行政管理部门确定的其他秘密事项。

国家秘密具有秘密性和重要性，一旦泄露会给国家利益和安全造成损害，甚至是特别严重的损害。所以，任何单位和个人，获取和持有国家秘密的，必须严格遵守法律和有关规定，不得违法、违规获取、持有，否则就会受到法律的制裁，情节严重的还会构成犯罪。《中华人民共和国刑法》专门规定了犯非法获取国家秘密罪和非法持有国家绝密、机密文件、资料、物品罪，分别最高可处 7 年有期徒刑和 3 年有期徒刑。《中华人民共和国反间谍法》第六十一条规定，非法获取、持有属于国家秘密的文件、数据、资料、物品，尚不构成犯罪的，处警告或 10 日以下行政拘留。

反间谍提醒

任何单位和个人依法依规才可以获取、持有国家秘密，否则就是违法犯罪行为；不慎获取国家秘密的，应该立即报告、上交有关机关，并不得传播、泄露该秘密。

关联法规

《中华人民共和国反间谍法》第十四条　任何个人和组织都不得非法获取、持有属于国家秘密的文件、数据、资料、物品。

《中华人民共和国刑法》第二百八十二条　以窃取、刺探、收买方法，非法获取国家秘密的，处三年以下有期徒刑、拘役、管制或者剥夺政治权利；情节严重的，处三年以上七年以下有期徒刑。

非法持有属于国家绝密、机密的文件、资料或者其他物品，拒不说明来源与用途的，处三年以下有期徒刑、拘役或者管制。

三、典型事例

付某为境外窃取、非法提供国家秘密、情报案[①]

付某原系某省 J 市输油管理处党委书记、纪检书记、工会主席、副处长。1997 年 8 月，付某的亲友吕某某来 J 市时与其商量向境外情报机构提供情报以获取报酬，付某考虑后表示同意。为此，吕某某给付某规定了化名、交接情报的联络方法和暗语，为付某提供了"美能达"照相机和数码相机各 1 架、数码录音笔 1 支及芯片 5 张等收集情报工具，并先后 8 次向付某布置收集我国秘密、情报的任务。自 1997 年 8 月至 2002 年 5 月，付某利用职务便利，窃取、搜集国家秘密及相关情报，先后 21 次在不同时间、地点，采取不同方式非法向吕某某提供涉及我国国家政治、经济、军事等方面的大量国家秘密、情报。其中，绝密级情报 1 份（未遂）、机密级情报 7 份、秘密级情报 26 份，属于《中华人民共和国刑法》第一百一十一条规定的情报 24 份。付某为境外情报机构窃取、非法提供国家秘密、情报，境外情报机构给付某每月发放工资及奖金，总计金额 60900 美元。上述作案工具、赃款和部分国家秘密、情报，案发后被国家安全机关收缴。

经法院审理确认，被告人付某犯为境外窃取、非法提供国家秘密、情报罪，被判处有期徒刑 11 年，剥夺政治权利 3 年。

---

① 参见《最高人民检察院公报》2003 年第 5 期（总第 76 号）。

5. 何为专用间谍器材？常见的专用间谍器材有哪些？个人和组织是否可以生产、销售、持有和使用间谍器材？

答：根据《中华人民共和国反间谍法实施细则》第十八条的规定，所谓专用间谍器材，是指进行间谍活动特殊需要的器材，主要包括四大类：（1）暗藏式窃听、窃照器材；（2）突发式收发报机、一次性密码本、密写工具；（3）用于获取情报的电子监听、截收器材；（4）其他专用间谍器材。专用间谍器材的确认，由国务院国家安全主管部门负责。由此可见，特定器材必须满足三个条件才能被称为间谍器材：能满足间谍活动的特殊需要；该特定器材有此特殊功能；须经国家安全部门确认。

由于间谍器材具有隐蔽性和特殊性，如果不当使用它们会对他人和社会造成严重危害，因此，《中华人民共和国反间谍法》明令禁止擅自生产、销售、持有、使用专用间谍器材。《中华人民共和国刑法》还专门规定了非法生产、销售专用间谍器材、窃听、窃照专用器材罪，情节严重的，最高可处7年有期徒刑并处罚金。

反间谍提醒

专用间谍器材只能依法生产、销售、持有和使用，普通个人和组织禁止实施上述行为。鉴于间谍器材形形色色，所以个人和单位在工作和生活中要提高警惕，以免一不小心触犯了法律。对于现实中碰到的可疑间谍器材，应该及时向国家安全机关举报。

关联法规

《中华人民共和国反间谍法》第十五条　任何个人和组织都不得非法生产、销售、持有、使用间谍活动特殊需要的专用间谍器材。专用间谍器材由国务院国家安全主管部门依照国家有关规定确认。

《中华人民共和国反间谍法》第六十一条　非法获取、持有属于国家秘密的文件、数据、资料、物品，以及非法生产、销售、持有、使用专用间谍器材，尚不构成犯罪的，由国家安全机关予以警告或者处十日以下行政拘留。

《中华人民共和国刑法》第二百八十三条　非法生产、销售专用间谍器材或者窃听、窃照专用器材的，处三年以下有期徒刑、拘役或者管制，并处或者单处罚金；情节严重的，处三年以上七年以下有期徒刑，并处罚金。

单位犯前款罪的，对单位判处罚金，并对其直接负责的主管人员和其他直接责任人员，依照前款的规定处罚。

典型事例

李某1等人非法销售间谍专用器材案[①]

2013年5月始，被告人李某1租用杭州市西湖区颐高数码广场维修街1-W15摊位的阁楼用于存放、销售手包型摄像机、DVR-S818宝马车钥匙型摄像机、DVR-520圆钟型摄像机、mini-S918钮扣型摄像机、808 Car Key Micro-camera车钥匙型摄像机等器材，并以介绍客户给予回扣的方式通过被告人刘某

---

① 参见浙江省杭州市西湖区人民法院刑事判决书，（2016）浙0106刑初373号。

开设的川石数码店、被告人周某开设的杭州敏锐电脑商行、被告人张某某租赁的杭州迪鸿电脑商行、被告人吕某开设的杭州恒博电脑商行对外销售。

2015年1月8日13时许,被告人李某1在被告人刘某的店内向李某2推销窃听窃照设备,公安机关从被告人李某1的包内查获DVR-S818宝马车钥匙型摄像机4台、手包型摄像机1台、808 Car Key Micro-camera车钥匙型摄像机9台、mini-S918钮扣型摄像机4台。同时,公安机关在被告人李某1租用的颐高数码广场维修街1-W15摊位的阁楼上,查获33台808 Car Key Micro-camera车钥匙型摄像机、13台DVR-S818宝马车钥匙型摄像机、2台手包型摄像机、20台mini-S918钮扣型摄像机及1台D×××××圆钟型摄像机。2015年2月3日,公安机关在被告人周某开设的杭州敏锐电脑商行查获用于销售的DVR-S818宝马车钥匙型摄像机及808 Car Key Micro-camera车钥匙型摄像机各1台;在被告人张某某租赁的杭州迪鸿电脑商行内查获DVR-S818宝马车钥匙型摄像机、mini-S918钮扣型摄像机及808 Car Key Micro-camera车钥匙型摄像机各1台;在被告人吕某开设的恒博电脑商行内查获用于销售的DVR-S818宝马车钥匙型摄像机2台及808 Car Key Micro-camera车钥匙型摄像机3台。

经法院审理确认,被告人李某1等人犯非法销售间谍专用器材罪,被判处拘役6个月,缓刑6个月。

6. 什么是涉及国家安全事项的建设项目许可？

答： 一般建设项目不需要获得国家安全许可。根据《中华人民共和国国家安全法》第五十九条，国家建立国家安全审查和监管的制度和机制，对影响或者可能影响国家安全的外商投资、特定物项和关键技术、网络信息技术产品和服务、涉及国家安全事项的建设项目，以及其他重大事项和活动，进行国家安全审查，有效预防和化解国家安全风险。根据《中华人民共和国反间谍法》的规定，对于建设项目，我国只对涉及国家安全事项的建设项目实施国家安全许可。《中华人民共和国反间谍法》第二十一条明确规定，在重要国家机关、国防军工单位和其他重要涉密单位以及重要军事设施的周边安全控制区域内新建、改建、扩建建设项目，需要申请国家安全许可。我国地方立法也对此进行了规定。例如，《内蒙古自治区涉及国家安全事项的建设项目管理办法》第七条明确规定："涉及国家安全事项的建设项目新建、改建、扩建的，申请人应当在项目开工建设前的立项用地规划许可阶段向建设项目所在地盟市级国家安全机关申请涉及国家安全事项的建设项目许可；依法不需要立项用地规划许可申请的，应当在工程建设许可阶段向建设项目所在地盟市级国家安全机关申请涉及国家安全事项的建设项目许可。未取得涉及国家安全事项的建设项目许可，申请人不得擅自开展建设活动。"

国家安全机关受理建设项目涉及国家安全事项行政许可申请后，经审查符合国家安全要求的，应当及时作出行政许可决定，并颁发行政许可证。存在影响国家安全因素，但通过安全防范措施可以消除安全隐患的，应当向申请人指出需要采取的安全防范措施，申请人按要求完善后，应当予以许可，并颁发行政许可证。通过安全防范措施无法消除安全隐患的，应当作出不予许可的决定，并说明理由。

反间谍提醒

安全控制区域内，各类建设项目需要申请国家安全许可，这是法律的明确要求。建设单位要具备足够的反间谍意识，特别是靠近各类军事、军工、国家机关等涉及国家安全控制区域进行建设的，一定要充分考虑反间谍的要求，坚决维护国家安全，不能为了所谓的经济发展、招商引资等需要而擅自建设危害国家安全的建设项目，引谍入室。如果违规建设，将遭到处罚，包括警告、责令改正、责令停止建设或者使用、暂扣或者吊销许可证件等。

关联法规

《中华人民共和国反间谍法》第二十一条　在重要国家机关、国防军工单位和其他重要涉密单位以及重要军事设施的周边安全控制区域内新建、改建、扩建建设项目的，由国家安全机关实施涉及国家安全事项的建设项目许可。

县级以上地方各级人民政府编制国民经济和社会发展规划、国土空间规划等有关规划，应当充分考虑国家安全因素和划定的安全控制区域，征求国家安全机关的意见。

安全控制区域的划定应当统筹发展和安全，坚持科学合理、确有必要的原则，由国家安全机关会同发展改革、自然资源、住房城乡建设、保密、国防科技工业等部门以及军队有关部门共同划定，报省、自治区、直辖市人民政府批准并动态调整。

涉及国家安全事项的建设项目许可的具体实施办法，由国务院国家安全主管部门会同有关部门制定。

《中华人民共和国反间谍法》第五十七条　违反本法第二十一条规定新建、改建、扩建建设项目的，由国家安全机关责令改正，予以警告；拒不改正或者情节严重的，责令停止建设或者使用、暂扣或者吊销许可证件，或者建议有关主管部门依法予以处理。

7 物流、电信、互联网单位和企业有义务提供反间谍工作支持和协助吗？

答：有。物流、电信、互联网单位和企业由于行业的特殊性，对于反间谍工作的防范、追查和破获起到了非常重要的作用。上述单位和企业应该积极履行反间谍义务，在技术和业务方面积极支持和协助安全机关做好反间谍工作，发现间谍线索的，要立即向安全机关报告，并根据安全机关的要求采取必要的技术措施。

反间谍提醒

在信息化时代，一方面，关键信息基础设施运营商要积极配合安全机关追查、破获间谍案件，在线索发现和案件破获方面发挥着无法替代的独特作用；另一方面，关键信息基础设施运营商又是间谍活动的重要目标，因此，更要提高警惕，更加积极有效地开展反间谍安全防范工作，加强防范教育，对重要岗位人员进行定期审查，对信息设施和设备采取足够的反间谍技术措施和定期反间谍技术安全检查。提高反间谍意识，采取足够的反间谍防范教育、审查、技术和检查措施，防止间谍活动的渗透。

关联法规

《中华人民共和国反间谍法》第四十一条　国家安全机关依法调查间谍行为，邮政、快递等物流运营单位和电信业务经营者、互联网服务提供者应当提供必要的支持和协助。

《反间谍安全防范工作规定》第十条第一款　关键信息基础设施运营者除履行本规定第八条规定的义务外，还应当履行下列义务：

（一）对本单位安全管理机构负责人和关键岗位人员进行反间谍安全防范审查；

（二）定期对从业人员进行反间谍安全防范教育、培训；

（三）采取反间谍技术安全防范措施，防范、制止境外网络攻击、网络入侵、网络窃密等间谍行为，保障网络和信息核心技术、关键基础设施和重要领域信息系统及数据的安全。

典型事例

网络设施、设备失窃密、遭攻击案[①]

2015年，我国某省国家安全机关共对全省、市、县、区24家单位、千余台各类网络终端设备进行了技术检查，查获存在失泄密隐患的终端设备59台，涉及文件资料逾30万份，其中绝密级文件6份、机密级文件134份、秘密级文件193份、内部资

[①] 参见《某省公布三起危害国家安全典型案例》，载江西新闻网2016年4月18日，https：//jiangxi.jxnews.com.cn/system/2016/04/18/014837460.shtml。

242份。其中，多家省直单位的互联网邮件服务器系统存在被境外远程植入窃密木马的情况，大量机关内部往来通讯邮件被窃取，危害极为严重，近30台互联网终端存在严重失泄密隐患。

第三章 易被境外间谍机构策反的群体

1. 哪些群体应警惕被策反利用？

答：2023年修改的《中华人民共和国反间谍法》专门增设了安全防范一章。该章第十二条第一款规定，"国家机关、人民团体、企业事业组织和其他社会组织承担本单位反间谍安全防范工作的主体责任，落实反间谍安全防范措施，对本单位的人员进行维护国家安全的教育，动员、组织本单位的人员防范、制止间谍行为"。第十四条规定，"任何个人和组织都不得非法获取、持有属于国家秘密的文件、数据、资料、物品"。具备反间谍安全防范责任的群体，尤其是涉密群体，是最容易出现反间谍安全防范问题或事故，甚至发生泄密、窃密的群体。当前，国际形势继续发生深刻变化，保护主义、单边主义逆流涌动，大国博弈日趋激烈，境外间谍情报机关和其他各种敌对势力及其代理人对我国渗透策反和情报窃密活动明显加剧。他们刺探、窃取、收买情报的范围更加广泛，既收集政治、军事情报，也收集科技、经济等其他各种情报，凡是接触、掌握或者能够接触到这些机密情报的人员，都可能成为间谍策反的对象。

从现实情况来看，境外间谍情报机关重点关注的策反对象主要有六类群体：一是国家机关工作人员；二是军工科研单位和军工企业工作人员；三是高新技术研究人员；四是出国留学人员和驻外机构工作人员；五是各个领域的专家学者；六是高校大学生。此外，军事发烧友、年轻网民和军事基地、涉密单位周边的公民都可能被间谍策反利用，成为境外间谍情报机关搜集情报的工具。

间谍行为识别

在间谍活动中，策反就是深入对方内部，采用各种策反手段，使对方的工作人员反叛过来，为己所用。策反是招募间谍的一种高级手法，间谍的重要任务就是搜集情报、窃取秘密，而策反是获取情报的重要手段。策反不仅可以搜集情报，还可以培养势力，对某些重要人物或事件施加影响，甚至影响政策的制定，对国家安全造成严重影响。因此，防范策反是反间谍工作的重要内容。

间谍在寻找策反对象时，不仅考虑策反对象的利用价值，而且考虑策反对象的特点。容易被境外间谍情报机关利用的人员具有以下特点：(1) 具备情报价值。如涉密岗位的人员或能够接触涉密内容的人员。(2) 意志不坚定、容易被利益俘获。如被金钱、美色、荣誉、感情等好处或利益所诱惑吸引。(3) 价值观歪曲。如反动的信仰、反社会的认知、反社会的自我意识等。

反间谍提醒

只有涉密才可能泄密，但并非只有涉密人员才具备泄密条件。非涉密人员如果对国家秘密、工作秘密、商业秘密等内容进行刺探、窃取，也会产生泄密后果。因此，无论是涉密人员，还是非涉密人员，都有可能成为被境外间谍情报机关策反的群体。总体国家安全观涵盖政治、军事、国土、经济、金融、文化、社会、科技、网络、粮食、生态、资源、核、海外利益、太空、深海、极地、生物、人工智能、数据等诸多领域，每一个领域的相关人员都与国家安全息息相关，也都能够成为境外间谍情报机关策反的对象。因此，就警惕被策反而言，应当是全民共同提升的意识。

三 典型事例

张某某间谍案①

张某某，男，1968年9月26日出生，大学毕业，电磁炮领域专家。2011年，工作单位给张某某争取到了赴国外访学的宝贵机会，2011年11月至2012年12月，张某某被公派至国外学习。自张某某踏上境外土地的那一刻起，他的一切行动就受到了境外间谍机构的严密监视。几个月后，张某某参加一次学术研讨会时，有一个自称来自国外军方、手上握有军方科研项目的男子J，走进了张某某的生活圈和工作圈。男子J为了能够接近张某某，制造共同语言，不仅帮张某某解决生活难题，还带着他外出游玩，去高档场所消费，在满足张某某虚荣心的同时进一步下套，向张某某抛出更大的诱饵，比如给张某某找兼职挣美元，答应帮助张某某的女儿赴国外留学并拿下居住权，以此获得张某某的充分信任。

2012年9月，男子J终于露出了真面目，向张某某亮明了身份，希望张某某能与他合作，提供重要信息。

在金钱和各种承诺的诱惑下，张某某被男子J俘获了，他为

---

① 参见王莉：《警惕！这些危害国家安全案件可能就在你我身边》，载央视网2020年4月16日，http：//m.news.cctv.com/2020/04/15/ARTIf9YwSTSFs5feeL7Dqoic200415.shtml。

男子J提供了我国军事工业研究领域和重要装备的研制情况，并收取了对方的报酬。之后，张某某访学结束如期回国，彻底投敌叛变，开始利用工作之便，按照境外间谍机构的要求，处心积虑地搜集我国在装备方面的研究、生产等关键信息，并计划利用2014年7月赴该国参加学术研讨的机会，把这些关键信息传递出去。

2014年6月，张某某按与境外间谍机构约定，准备离境按期赴会时，国家安全部门快速对张某某实施控制。在他行李中发现了若干份涉及国家秘密的科研资料，这些资料他打算交给境外间谍机构，以期获得高额报酬。

2015年10月，人民法院开始张某某间谍案的庭审。法院认为，张某某的行为对我国国家安全危害严重，其多次为国外间谍组织搜集、提供国家秘密及情报，不属初犯、偶犯，其行为已构成间谍罪。最终法庭作出判决，张某某因犯间谍罪，被判处15年有期徒刑，剥夺政治权利5年，并处没收财产10万元。

2 间谍的常用策反手段有哪些？

答：境外间谍情报机关在当前我国严管严防的态势下，为了达到策反目的，使用的手段多种多样，无所不用其极。间谍常用的策反手段有以下几种：

1. 金钱收买

使用金钱和物质利益进行策反，是境外间谍情报机关传统的策反方法。他们认为金钱是万能的，某国中央情报局官员哈里·

罗西兹克在他的著作中这样介绍招募间谍："我们打算招募一名苏联秘密特使。我让特工人员中途插入这次会见，并冲着信使往桌上甩去1万美元钞票。招募的关键就是一个'贪'字。这个信使见钱眼开，他同意与中央情报局合作。"这种传统策反手段至今仍被境外间谍情报机关经常使用，有些人就是抵不住金钱的诱惑，被策反为间谍。

2. 美色诱惑

以美色为诱饵进行策反，是境外间谍情报机关惯用的方法。这种方法主要是针对驻外机构人员及出国人员。他们利用这些人员远离家乡亲人、感情寂寞的弱点，主动投怀送抱。一旦这些人员禁不住美色诱惑，就会掉入境外间谍情报机关早已设好的陷阱，只能听从他们的指挥了。

3. 感情拉拢

感情拉拢，是境外间谍情报机关进行策反的基本方法。特别是针对出国留学人员，境外间谍情报机关往往安排间谍人员，从生活、学习等方面给予其关心，帮助其解决困难，施以小恩小惠，增进感情。取得该留学人员的信任后，进行拉拢，达到策反目的。

4. 威逼胁迫

威逼胁迫，就是抓住被策反对象的某些弱点或污点，进行威逼恐吓，迫使他为其所利用，从而达到策反的目的。这种策反方法多用在我国驻外机构工作人员或出国留学、经商人员身上。境外间谍情报机关利用我国出国人员对国外环境陌生、不熟悉等情况，使出各种手段，甚至"钓鱼执法"，栽赃我国出国人员有污点，并将该"污点"作为威逼胁迫的把柄，进行策反活动。

5. 网络勾联

网络勾联,是随着互联网的发展新出现的一种间谍策反方法。境外间谍组织利用网络技术,通过微信、QQ、微博等社交软件,发布虚假岗位信息,建立所谓聘用关系,在互不见面的情况下进行策反,让被策反对象搜集我国军事设施信息及内部资料。

6. 利用亲友

利用亲友,是境外间谍组织利用目标人员的亲友、同事、同学等身边人,通过他们对目标人员的影响力或控制力,间接进行策反或套取情报。这是境外间谍情报机关惯用伎俩之一。境外间谍情报机关的策反工作是无孔不入的,不仅针对我国的国家机关工作人员进行策反,还会重点策反渗透具有情报价值人员的身边人,从"内部攻破堡垒"。

7. 利用"民族认同"渗透策反

某些国家的间谍组织利用与我国少数民族公民有相同或相近的民族背景,以"民族认同"为切入点,开展拉拢策反。以分裂我国领土、侵害民族利益、扰乱地区发展为目的,境外间谍组织屡屡对我国少数民族的干部和群众进行渗透策反。

境外间谍组织进行策反的方法多种多样,除以上几种方法外,还有公开招募法、思想拉拢法等。

间谍行为识别

间谍策反行为并不是单一的,其手段往往是综合的,并主攻被策反人员的薄弱点。其中最为隐蔽的是感情拉拢。感情拉拢作为境外间谍情报机关进行策反的基本方法,在近年来破获的间谍案中被大量使用。

间谍一般会先利用假身份接近策反对象，主动关心策反对象，帮助策反对象解决困难，博得好感。甚至会故意制造事端，使策反对象陷入困境，然后再伸出援助之手，帮助策反对象摆脱困境。其这样做的目的就是增进与策反对象的感情。当感情增进到一定程度时，间谍就会询问他感兴趣的情报信息，这些信息往往是与被策反者的工作相关，或者是被策反者可以收集到的涉及国家秘密的文件或者内部资料。在这一过程中，间谍可能会投入大量金钱以彰显"诚意"，一旦察觉到被策反人员的抵触情绪就会开展精神控制、骚扰滋事，逼迫被策反人员继续和间谍保持联系。到这时，间谍的丑恶面目就暴露出来了。

反间谍提醒

感情拉拢策反方法利用的是人的情感需求。情感需求是人的基本需求，当情感需求无法满足时，人就会感到孤独、寂寞，就希望得到他人的关爱，这时候间谍就会乘虚而入。

间谍运用感情拉拢的策反方法，往往是从感情需求得不到满足的人入手。感情只是手段，获取情报才是间谍的真正目的。国家安全是全国各族人民的根本利益之所在，维护国家安全和利益是每位公民的神圣职责，也是每位公民的法定义务。《中华人民共和国反间谍法》第七条第一款规定："中华人民共和国公民有维护国家的安全、荣誉和利益的义务，不得有危害国家的安全、荣誉和利益的行为。"只有提高国家安全意识，警惕感情陷阱，明辨间谍行为，才能更好地维护国家安全。

三、典型事例

黄某、李某某间谍案①

黄某，1967年出生，案发时是南部某省省直机关工作人员、副高级工程师。黄某的丈夫李某某，1966年出生，案发时是该省某职业技术学院副院长，2002年至2004年，在该省某县挂职副县长。

黄某和李某某是大学同学，在大学毕业之后，就选择了结婚。2002年，黄某收到境外某知名大学硕士研究生的录取通知，怀揣着对美好未来的憧憬，独自踏上了异国他乡的求学之旅。在短暂的新鲜感过后，学业的压力、与爱人的分离、对女儿的思念让她内心产生了空虚和寂寞。在此时此刻，一位风度翩翩、温文尔雅的男士出现在了她的面前。

这名男子自称姓徐，是做海外投资政策研究的学者，希望黄某提供一些我国的经济类政策性文件作为参考，可以付给黄某一定的报酬。想到能帮朋友的忙，又能赚外快，就同意了徐某的请求。在一次回国探亲时，黄某就顺便收集了一些资料准备带出境给徐某。不料，在返程途中，黄某遭遇了车祸。她的左手手臂骨折，但要强的黄某还是决定出境回校继续学业。在这个时候，徐某加大了对黄某的感情拉拢筹码，每天殷勤百倍，陪黄某做康复理疗，安排保姆专程照顾……在一系列的金钱与感情手段的拉拢下，黄某彻底沦陷，投入徐某的怀抱，接受了这个在异国他乡的情人。

---

① 参见王莉：《妻子境外留学偶遇"翩翩君子"？小心陷阱！我国一批重大间谍案件告破！》，载央视网2020年11月2日，http：//m.news.cctv.com/2020/11/02/ARTIX6nc01TbPKHPPP8SHa61201102.shtml。

黄某此时并不知道，徐某这位"完美"的男士是一个境外间谍。他窃取黄某的求学信息，了解到黄某在国内的工作单位及职位，并将她的家庭情况调查得清清楚楚。作为境外间谍，徐某把自己伪装成一个完美先生，然后故意接近她。

在交往中，徐某得知黄某的丈夫李某某正在南部某省某县挂职副县长，就向黄某提出，请李某某帮忙搜集一些工作中接触的内部文件。在徐某情感加金钱的"组合拳"下，黄某失去了理智和原则。2002年年底，黄某回国探亲时，将搜集情报的事告诉了李某某。但她只说，在境外认识了一位研究中国政策的学者，需要一些内部材料作为参考。李某某为了维系婚姻关系，虽然有所怀疑，但没有拒绝黄某的要求。在日后的工作中，李某某小心留意，将接触到的涉密文件资料偷偷复印后交给了黄某。黄某将这些资料携带出境，给了境外间谍人员徐某。

2003年，黄某毕业准备回国，徐某还专门对她进行了间谍培训，并为她配备了相机和伪装加密软件。同时，徐某给黄某明确下达了搜集涉密红头文件的任务。接下来的十余年里，黄某、李某某夫妇按照境外间谍人员的要求，从各自单位将工作中接触到的涉密文件私自带回家中，并伺机出境与境外间谍人员进行交接。

侦查发现，自2002年以来，黄某夫妇将工作中接触到的所有文件悉数拍照出卖给境外间谍人员。其中，机密级文件4份、秘密级文件10份，两人共接受情报经费4.9万美元和30余万元人民币。此外，境外间谍人员还在海外开设银行账户，向黄某额外发放所谓"养老金"100万元人民币。

2019年4月，该省国家安全机关依法对黄某、李某某采取强制措施。人民法院最终以间谍罪判处黄某有期徒刑 10 年，剥夺政治权利 10 年；以间谍罪判处李某某有期徒刑 3 年，剥夺政治权利 3 年。

3 为什么境外间谍组织把专家学者作为策反对象？

答：专家学者是知识分子的代表，是制定国家政策的重要智囊，也担负着文化传播、教书育人、普及知识等重要社会责任。从境外间谍情报机关的角度来看，专家学者作用独特：（1）有咨政建言的能力和渠道，可以影响国家政策的制定和发展走向；（2）有教育传承的能力和职责，尤其是高校科研院所的教职人员，在学界有着广泛且深远的影响力。因此，境外间谍情报机关对专家学者进行策反，能够达到危害我国国家安全的目的。一方面，利用专家学者的特殊身份，在政策制定过程中施加影响，达到扰乱政策制定、干涉我国内政的目的。另一方面，利用专家学者的影响力，在教育层面对我国进行文化渗透和意识形态渗透，从根本上颠覆学生的思想，培植反动势力，从根源上威胁我国文化安全和意识形态安全，将"接班人"的意识形态逐渐西化和分化，达到其"和平演变"的目的。

间谍行为识别

一般情况下，知识分子相对较为"清贫"，境外间谍情报机关往往以此为切入点，对知识分子慷慨资助，满足知识分子对国际荣誉奖项和金钱的需要。境外间谍情报机关常常以各种国外学术研究会、基金会、海外高校科研院所和非政府组织等为合法外衣，打着文化交流、学术合作、研究支持、学者访问等名义主动"邀请"各个领域专家学者进行学术交流。实际上，这是为策反活动提供掩护。在此过程中，境外间谍情报机关从收集研究负面信息和社会矛盾，逐步扩大到干扰误导大政方针制定，编造学术谬论使党和政府的合法性基础受到抹黑，将专家学者与境外间谍情报机关的立场捆绑在一起。境外间谍情报机关热衷并擅长将人民内部矛盾通过学术包装的手段制造成阶级矛盾，消耗我国的智力资源。专家学者们必须警惕，以避免陷入上述间谍行为的陷阱。

反间谍提醒

从意识形态上进行渗透，直击文化安全，培植反动势力，是境外间谍情报机关策反专家学者的重要目的。披着学术外衣、行间谍勾当的案例不断被曝光，这使社会公众不得不警惕某些专家学者的"奇谈怪论"。专家学者自身也要提高防范意识，不能接受无端的好处，更不能以良知换利益、以叛变换金钱。虽说科学无国界，但科学家有国界。专家学者面对境外组织机构提供的便利和支持，要擦亮双眼，避免沦为境外间谍组织的棋子。

三、典型事例

齐某间谍案[①]

案发前系 Y 省社科领域某研究所研究员的齐某在一次与某国驻华总领馆公开交流时，与以外交官身份为掩护的境外间谍情报人员结识。此后，该国间谍情报机关人员多次以请教问题为由约见齐某，刺探、了解我国对周边国家政策考虑等方面情况，

---

① 参见《国家安全部公布一批危害国家安全典型案件》，载中工网 2020 年 4 月 17 日，https：//www.workercn.cn/32842/202004/17/200417054702621.shtml。

并逐步开始向齐某布置情报搜集任务,索要各种内部材料。

随着双方"交往"不断深入,该国间谍情报机关还为齐某配备了专用通联工具,培训秘密情报交接方式。在境外间谍情报人员的指挥下,齐某采取多种专业间谍方式,为对方搜集、提供了大量我内部情况。2015年,齐某被国家安全机关抓获。2016年11月,K市中级人民法院以间谍罪判处齐某有期徒刑3年6个月,剥夺政治权利1年。

专家学者打着学术幌子实施间谍行为屡见不鲜。事实上,不仅中国籍的学者中存在被策反的情况,境外学者专家为间谍组织服务的情况也非常多发。J国经济学研究者阿尾某某,常年在我国台湾地区活动,曾多次把中国沿海驻军武器装备等情况拍照传回J国,2016年被国家安全机关逮捕。① 境外某大学法学教授岩谷某,以战争史研究学者身份作伪装,非法测绘中国国土资源相关数据。2019年在下榻酒店被国家安全机关警告,没收相机和其他电子数据,遣返回国。② 我国台湾地区教授施某某、蔡某某、李某某从事涉嫌危害国家安全的活动,2019年被国家安全部门依法审查。③ 可见,打着学术幌子实施间谍行为已经是境外间谍情报机关的惯用伎俩。

---

① 参见《周某某:在华J国间谍隐藏深》,载中国台湾网2016年8月4日,http://www.taiwan.cn/plzhx/gjshd/201608/t20160804_11528629.htm?from=timeline。
② 参见《中方证实J某教授涉嫌违反中国刑法、反间谍法,决定对其取保候审》,载中国经济网2019年11月15日,http://www.ce.cn/xwzx/gnsz/gdxw/201911/15/t20191115_33622954.shtml。
③ 参见《施某某、蔡某某、李某某被大陆有关部门依法审查》,载中国新闻网2019年11月13日,http://news.china.com.cn/2019-11/13/content_75403636.htm。

4 境外间谍组织策反我国国家机关工作人员的目的是什么？

答：国家机关工作人员作为体制内工作人员，从事与国家政治、经济、文化等领域相关的工作。国家机关工作人员是国家政策的制定者、执行者，在工作中可以掌握或接触大量的国家秘密文件和内部资料，这些情报信息都是境外间谍情报机关迫切希望得到的。境外间谍情报机关对国家机关工作人员进行策反的动机主要为：首先，能够直接获得第一手情报，从而在国际斗争中占据优势；其次，能够给我国的国家机器运转造成阻碍，从内部瓦解堡垒，直接冲击我国政治体制，危害我国政治安全；再次，能够制造国家机关工作人员叛变投敌的丑闻，在国际社会上抹黑我国的国家形象；最后，动摇党和政府在人民群众心中的地位和影响力，挑起社会矛盾和对立，扰乱我国内政，阻碍社会主义事业建设。

间谍行为识别

境外间谍情报机关热衷于对我国国家机关工作人员进行策反，往往通过利益输送、意识形态同化、威逼胁迫等手段达到策反目的。国家机关工作人员要警惕在境外旅游、外事活动、涉外治理或服务工作中认识的外籍人士。国家机关工作人员对外籍人士主动拉拢结交的情况须谨慎对待，斟酌其动机。因为，这往往是策反的第一步。

反间谍提醒

国家机关工作人员要筑牢底线思维，提高国家安全意识。《中华人民共和国反间谍法》第十二条第一款规定，"国家机关、人民团体、企业事业组织和其他社会组织承担本单位反间谍安全防范工作的主体责任,落实反间谍安全防范措施,对本单位的人员进行维护国家安全的教育,动员、组织本单位的人员防范、制止间谍行为"。防范间谍、制止间谍是国家机关工作人员的法律义务,更是政治责任。国家机关工作人员要带头践行总体国家安全观,坚定理想信念,重视国家安全工作,保守国家秘密,积极防范和制止危害国家安全的各种行为,善于同各种危害国家安全的势力作斗争。

典型事例

张某某间谍案[①]

国家机关工作人员被境外间谍组织策反,从基层工作人员到党和政府的高级干部都曾有案例发生。越是高级干部,被策反后对国家造成的危害和损失就越大。

1992年,刚刚毕业的张某某进入国家某部委从事外语翻译工作。1996年,张某某受组织委派赴某国常驻,驻外期间结识了自称是该国外交部的A某等人。然而,他们的真实身份却是该国间谍情报机关人员。外方人员以高额报酬为诱惑,通过套取和索要等方式,要求张某某提供情报。在明知对方企图的情况下,张某某仍无视法纪,答应为对方充当间谍,数年间向对方提供了数十份涉及我国内政外交的涉密文件资料,其中绝密级、机密级文件达14份。2008年,张某某从单位辞职前还陆续从办公电脑和内部办公网络中搜集大量文件资料,非法携带至国外。

---

① 参见《全民国家安全教育日丨关于国家安全知识你了解多少?》,载中国新闻网2021年4月14日,https://www.chinanews.com.cn/sh/2021/04-14/9454592.shtml。

经查，张某某的个人电脑及其他存储介质中存有 5200 份文件资料，其中标注绝密级的 59 份、机密级 848 份、秘密级 541 份。2019 年 2 月，张某某因间谍罪、非法获取国家秘密罪，被 B 市中级人民法院一审判处死刑，缓期 2 年执行。

5 为什么军工科研院所和军工企业工作人员会成为境外间谍组织的重点策反对象？

答：军事安全是整个国家安全体系的重要支柱和保障，其他领域的安全都需要以军事力量为重要基础。境外间谍情报机关一直将我国军工科研院所和军工企业作为重点渗透目标，采用各种手段窃取我国国防军事、武器装备等机密情报，威胁我国军事安全。

军工科研院所既包括军队直属的军事院校，又包括国防军工体系中承担科研、生产任务的事业单位，它们为国家武装力量提供各种智力支持和生产保障。军工企业由军工科研配套的军工厂发展整合或从事生产经营活动的军工科研院所转制而来。无论是军工科研院所还是军工企业，其主要职责都是承担国防科研生产任务，承担为国家武装力量提供各种武器装备研制生产任务，服务军事国防建设发展大局。

军工科研院所和军工企业是维护我国军事安全的科技支撑和生产动力。军工科研院所和军工企业的工作人员是直接接触军事设施和军事情报的主体。

若境外间谍情报机关策反了我国军工科研院所和军工企业的工作人员，便既能直接得到国防军事情报数据，又能窃取国防军工体系科技成果，以达到瓦解我国军工科研优势，破坏单位人力资源结构的目的。此外，如果境外间谍情报机关成功策反军工科研院所和军工企业的工作人员，还会从政治层面抹黑中国军队形象和国家形象，制造较强的负面舆论。因此，境外间谍情报机关常把军工科研院所和军工企业的工作人员作为重点策反对象。

间谍行为识别

境外间谍情报机关对我国与军事相关的人、事、物均有极大的兴趣。境外间谍情报机关策反相关人员为其收集我国军事设施相关数据、国防军工技术信息以及部队人事情况等情报，刺探军事机密。其惯用手段是金钱收买、色情诱惑以及利用我国军工科研院所和军工企业的工作人员在海外的家人、财产等做文章，以胁迫其服从。

反间谍提醒

军工科研院所和军工企业有其特殊性：服务国防事业；带有军队属性，甚至有些工作人员属于现役军人；与社会和市场接触较少等。这类单位具备的技术往往是国内甚至是国际一流的先进技术，对国防有着重大作用，对引领科技发展也有着不可替代的作用。境外间谍情报机关将军工科研院所和军工企业的工作人员策反成功后，能够从科技和军事上同时危害我国的国家安全。鉴于这类人员的特殊性，境外间谍情报机关往往会先采用利益收买的方法。若后期关系破裂，就采取恐吓、威胁的方法，让当事人继续与其保持联系。当事人往往为保住工作或基于不法行为不被揭发的考量被迫妥协，继续充当境外间谍组织的耳目。

军工科研院所和军工企业的工作人员要严守党和国家的秘密，

时刻绷紧纪律红线。涉嫌从事危害国家安全行为的军工科研院所和军工企业的工作人员,要及时向国家机关报告,配合国家安全机关工作,争取立功和宽大处理。

三、典型事例

陈某泄密案[①]

1985年出生的陈某,曾是我国某军工科研院所下属公司的一名网络管理员。该科研院所从事我国重要装备部件研发工作,属于核心涉密单位。负责该单位内部网络维护的陈某,有条件接触涉密文件。

2011年,陈某在公司门口"偶遇"了一名自称彼得的外国人。彼得说,他是一名技术专家,此次来中国的目的就是想购买一些技术资料。随后,在高额报酬的诱惑下,陈某开始向彼得提供情报信息。

早期,陈某只是从互联网上搜集一些公开资料提供给对方。之后,为了更高的报酬,陈某开始将目光投向自己单位的内网,凭借其从事网络管理的工作便利和权限,轻而易举地窃取了大量内部涉密文件,并提供给彼得。随着窃取文件的数量越来越多,密级越来越高,自以为找到一条生财之路的陈某逐步意识到,彼得并非普通的技术专家,而是一名间谍。心生恐惧的陈某向他提出终止合作。然而,彼得却以陈某此前提供的情报为把柄,要挟他继续提供涉密情报。陈某这才意识到,自己已经踏上

---

① 参见央视新闻:《三起间谍案!境外间谍窃取我国军工文件、策反干部手段曝光》,载微信公众号"中央政法委长安剑"2019年11月1日,https://mp.weixin.qq.com/s/hWrdKZOBNu8Wt5c9h9HDDw。

了一条只有起点没有终点的不归路。然而,陈某仍没能幡然悔悟,没有主动向国家安全机关自首,而是在罪恶的泥潭中越陷越深。此后,在彼得的步步紧逼下,陈某继续通过单位的内网窃取了大量涉密材料,并提供给彼得。2014年,终日生活在恐惧中的陈某从单位辞职。

2015年3月,某市国家安全局对陈某实施抓捕。经调查证实,陈某共窃取并向境外间谍情报机关提供了该科研院所文件共5500多份,其中机密级146份、秘密级1753份,以及其他大量内部文件。2019年3月,某市第二中级人民法院以间谍罪判处陈某无期徒刑,剥夺政治权利终身。

6 为什么高新技术研究人员成为境外间谍组织的重点策反对象?

答: 科技安全是国家安全的重要组成部分,当今世界,科技广泛应用于政治、经济、军事、外交等各领域,成为推动国家发展、维护国家安全的重要支撑。《中华人民共和国反间谍法》第四十九条规定:"国家鼓励反间谍领域科技创新,发挥科技在反间谍工作中的作用。"科技是反间谍的重要手段,科技领域是境外间谍情报机关的重点渗透方向。在以往被境外间谍情报机关策反的高新技术研究人员中,既有国有企业、国家实验室、高校及科研院所等部门的科技工作者,也有民营企业的科技人员。

国有企业、国家实验室、高校及科研院所等单位的科研工作者在国家财政的支持下,掌握大量关乎国家安全的科技成果和信息数据,是我国高新技术研发的主要力量,也是境外间谍情报机关渗透策反的重点对象。这些部门的高新技术研究人员往往能够掌握处在保密状态或领先状态的技术或数据。境外间谍情报机关对这类群体进行策反，一方面能够瓦解国有企业、国家实验室、高校及科研院所等单位的国际科技竞争力，另一方面也能对我国国家经济、军事、科技等领域的安全进行破坏。

民营企业的科技人员创造了大量知识产权财富。世界知识产权组织发布的2022年"全球百大科技集群排名"显示，中国拥有21个世界领先的科技集群，在数量上首次追平美国，并列世界第一。2022年中国仍然是国际专利体系（《专利合作条约》PCT）国际专利申请量最大的国家，有70015件专利申请，同比增长0.6%。党中央和习近平总书记要求构建新发展格局，打造新安全格局，拥有大量知识产权财富的民营企业，是推动国家发展的重要动力，也是捍卫国家安全的重要主体。可以说，民营企业对我国综合国力的提升作出了很大的贡献，为国家和社会提供了很多服务，积累了大量关乎国家安全的技术和数据。民营企业的科技人员如果被境外间谍情报机关策反，将会重创我国民营经济的基础和生命力，泄露关乎国家安全的信息数据，大幅提升境外企业的竞争力，损害我国正当利益，冲击我国在国际社会的形象。因此，民营企业的高新技术研究人员也被境外间谍情报机关视为重点策反对象。

间谍行为识别

专业技术人才，是支撑国家安全和发展的重要力量，也是衡量国有企业、国家实验室、高校、科研院所以及民营企业竞争力的重要因素。这些部门的高新技术研究人员通常掌握一定数量的国家秘密、商业机密、重要数据。这些信息关乎企业的竞争力甚至是产业、行业乃至国家的竞争力。因此，境外间谍情报机关会以各种手段策反高新技术研究人员。对于威逼利诱的反常行为，高新技术研究人员要保持警惕，以免走上错误道路。

反间谍提醒

在科研领域，无论是国有企业、国家实验室、高校、科研院所等单位，还是民营企业的专业技术人才，都要牢固树立国家安全意识、保密意识和知识产权保护意识。科技创新既要加强交流合作，又要保障自身技术不被窃取。高新技术研究人员被策反导致的科技安全事件会严重危害国家安全。高新技术研究人员的间谍行为也构成违法犯罪行为。

典型事例

周某间谍案[①]

周某，1973 年出生，2006 年获得博士学位，主要从事高精尖通信技术研究工作。周某赴国外某大学做博士后研究，在申请签证时，表明了自己身份并在签证材料中附有其关于高精尖通信技术领域研究的博士论文复印件，这引起了境外间谍情报机关的关注。周某在国外做博士后研究期间，境外间谍人员多次约其见面，并表示为该国政府工作可得高额报酬，周某默许同意。周某回国后，继续向对方出卖情报。案发前，周某为我国某高校副教授、硕士生导师。其所在的实验室承担了众多国防军工单位和军队大量涉密研究项目。

---

① 参见央视新闻：《他们被境外间谍机构策反，案情触目惊心》，载环球网 2019 年 4 月 18 日，https：//china.huanqiu.com/article/9CaKrnKjSrT。

经查，周某先后向境外间谍情报机关提供了大量国防军工重要涉密数据和文件资料，涉及我国多种重要武器装备的研制状况、作战性能、技术参数等核心秘密。经有关部门鉴定，这些资料有机密级、秘密级文件 200 余份。这些文件的泄露对我国国防军事安全利益造成严重危害。

2011 年，国家安全机关将周某抓获。2014 年 5 月 20 日，周某因间谍罪被判处无期徒刑。

7 境外间谍组织为什么会盯上我国出国留学人员和驻外机构工作人员？

答：在我国境内，境外间谍情报机关被严密监控，间谍的策反活动也会格外收敛。而在国外，则是境外间谍情报机关自己的"地盘"，更加方便他们进行策反活动。

出国留学人员和驻外机构工作人员在别国学习工作，实际上处于一种被动状态和弱势地位。人生地不熟，文化差异大，缺乏社会支持，这些都需要他们适应。在长期的外国思想浸透下，部分出国留学人员和驻外机构工作人员容易被"西化"。加之境外间谍情报机关擅于使用金钱收买等不法手段拉拢出国留学人员和驻外机构工作人员，甚至以卑劣的手段威胁出国留学人员和驻外机构工作人员的人身安全，使出国留学人员和驻外机构工作人员容易被发展为间谍。

间谍行为识别

出国留学人员和驻外机构工作人员在国外遇到被传播极端思想、被威逼胁迫、被利益收买等情况，往往是境外间谍情报机关在寻找策反目标时所采取的间谍策反行为。需要警惕的是，境外刻意对我国出国留学人员和驻外机构工作人员传播的各类极端思想、宗教思想、学术理念、经营理念等思想都有可能是被境外间谍情报机关包装过的策反思想。

除此之外，境外间谍情报机关往往以外国政府工作人员的身份对我国出国留学人员和驻外机构工作人员进行"钓鱼执法"，甚至以莫须有的罪名，号称"掌控"我国出国留学人员和驻外机构工作人员的"犯罪证据"，以此为要挟。种种间谍策反手段的最终目的是，要求我国出国留学人员和驻外机构工作人员为他们实施窃取秘密情报等间谍行为。

反间谍提醒

出国留学人员和驻外机构工作人员在国外如果遇到间谍策反行为，首先要在保障自身生命安全的前提下应付境外间谍组织。在摆脱境外间谍组织的控制后，要第一时间与我国大使馆或国家安全部门联系，主动交代情况，协助国家安全部门开展反间谍工作。出国留学人员和驻外机构工作人员要格外警惕境外思想的洗脑，警惕外国政府官员的敲诈勒索和"钓鱼执法"行为。

三、典型事例

耿某某间谍案[①]

耿某某,1970年出生,案发前曾在某国有企业驻外代表处任职。2007年,耿某某在驻外工作期间,因处理正常事务与当地安全部门人员结识。随后,对方以耿某某本人及其家人在境外的生命安全相威胁,将耿某某策反。此后,耿某某在对方指挥下,搜集我国国防军工科研领域大量涉密文件、我国驻该国使馆的内部资料,以及我国在该国常驻机构、赴该国团组人员情况等信息。他在任期结束回国前接受了对方布置的回国"潜伏"任务,即回国后继续与境外间谍情报机关保持秘密联系。

经查,耿某某向境外间谍情报机关提供的文件资料中,机密级、秘密级文件50余份。2016年7月,耿某某被依法判处无期徒刑。

8 境外间谍组织把大学生作为策反对象的原因是什么?

答:大学生是青少年中较为特殊的一类群体,他们刚从高考压力中走出来,离开家庭进入陌生校园,开始独自接触社会,对身边的新事物有着强烈的好奇心和探索欲。各种新鲜事物、新奇言论都有可能在大学生群体中迅速扩散、传播裂变。在国家安全机关侦破的间谍案中,不乏在校大学生被渗透策反。

一方面,境外反动势力对我国长期发动"信息战",炮制各类

[①] 参见央视新闻:《他们被境外间谍机构策反,案情触目惊心》,载环球网2019年4月18日,https://china.huanqiu.com/article/9CaKrnKjSrT。

歪曲抹黑谣言和假新闻，掩盖事实、制造矛盾。当前互联网上信息言论复杂、真伪难辨，尤其在外网上的言论更是虚假信息横行、不良内容泛滥。一些大学生涉世未深，国家安全意识不强，但对互联网工具非常熟悉，长期被外网上的负面信息灌输，容易轻信网上激进反动言论和谣言，甚至思想西化。他们常以"公知"自居。这就成了境外间谍情报机关策反的重点对象。

另一方面，境外间谍伪装成军事爱好者、招聘猎头等，广泛活跃于各类论坛及社交、求职等网站，以提供报酬的"兼职""约稿"为诱惑，一步步将网民发展为"情报员"。在校大学生经济来源少，经济基础薄弱，境外间谍提供的蝇头小利容易让一些大学生心动。若报酬丰厚则大学生更容易被诱惑冲昏头脑，在被蒙蔽的情况下做出窃密泄密等错误行为。

此外，很多优秀青年学生在学习和工作中能够通过学校资源接触到一些涉密内容，并且未来就业也有可能走上涉密工作岗位或进入政府部门、企事业单位，接触有情报价值的工作内容。在境外间谍情报机关眼中，这些优秀青年学生具有很高的"培养价值"。因此，境外间谍情报机关将他们作为重点"围猎"对象，以求"放长线钓大鱼"，长期潜伏、长期渗透。

近年来，由境外间谍情报机关实施网络策反境内学生的案件数量呈上升趋势。一些境外间谍情报机关不仅将黑手伸向校园，而且将目光放到了在海外的中国留学生群体。他们多以20岁左右的在读高校生为主要目标，或借助网聊工具、校园论坛、招聘网站等物色"调研员"，或打着华人华侨名义接近留学生。"受聘"学生先做一些搜集、整理、汇总信息的工作，尝到"甜头"后，间谍组织便开始引诱他们从事情报搜集工作。因此，囿于境外间谍情报机关各种误导、诱惑的策反行动，大学生群体容易"中招"，成为境外间谍情报机关重点策反的对象。

间谍行为识别

报酬可观的"兼职",如拍摄特殊场所、收集数据信息、传递文件材料等较为简单但又带有一定政治色彩或国家安全价值的内容,往往是境外间谍情报机关抛出的"诱饵"。有的青年学生缺乏社会经验,国家安全意识不足,加之经济基础薄弱,容易在利益的诱惑或胁迫下犯错误。近年来境外间谍情报机关频频利用学生群体开展拍摄我国国防设施、测绘地理信息位置、收集水文气象数据等活动。这些数据信息均涉及国家安全,有的学生不清楚其重要性和价值。在总体国家安全观框架下,这些数据是信息安全和资源安全的重要构成元素,与各行业密切关联,事关各行业正常运转。一旦数据泄露或运行出现问题,还会深刻影响经济、社会、生态、海洋等领域安全。因此,面对奇怪的"兼职"、委托等"好事",学子们一定要擦亮双眼,防止成为境外间谍组织的帮凶。

反间谍提醒

扶持大学生等年轻人做代理人,是当前境外间谍情报机关策反工作的重要方向。2015年出台的《中华人民共和国国家安全法》第十四条规定,每年4月15日为全民国家安全教育日。加强国家安全教育,是全民维护国家安全的重要途径,也是大中小学教育体系的重要思政任务。大学生、研究生作为学生中思维活跃、学习能力成熟的群体,社会活动范围广,面对诱惑多,更要时刻绷紧国家安全红线,提高国家安全意识。

面对各种突如其来的"好人""好事",要保持头脑清醒,不被糖衣炮弹俘获；面对境外间谍情报机关的威逼胁迫，要敢于主动报告，懂得及时止损。对误入歧途、幡然悔悟的学生，国家安全机关坚持教育在前，以教育挽救为主，第一时间对学生防范提醒，要其终止与对方联系，并积极配合国家安全机关开展反间谍工作。学生们要警惕无缘无故的恩惠、拒绝免费提供的"午餐"、反抗各种形式的胁迫，才能不被境外间谍情报机关策反利用。

三、典型事例

内地学生陈某某赴香港特别行政区乱中案[①]

陈某某自2014年起，先后在香港大学、香港中文大学攻读学士、硕士学位。赴香港特别行政区读书后，受到复杂社会政治环境影响，逐步形成反华政治立场和政治投机心态。香港特别行政区"修例风波"期间，陈某某在社交媒体上发表大量支持"反修例"运动、攻击中央政府的言论，甚至公开声称要"光复香港"。

2020年5月，国家安全机关依法对陈某某进行审查。陈某某如实交代了加入反华非政府组织，成为境外反华媒体记者的经历，对公开声援"港独"活动、撰文攻击党和国家等违法活动供认不讳。考虑到陈某某是受到蛊惑而走上错误道路的青年学生，办案单位耐心对其进行了教育引导。陈某某的思想观念得到彻底扭转，写下10万余字的悔过材料，表态要痛改前非，不再参与任何违法活动。

如陈某某一般，一些内地赴香港特别行政区学生因价值观

---

① 参见周斌：《国家安全机关公布4起危害国家安全典型案例》，载新华网2021年4月15日，http://www.ce.cn/xwzx/gnsz/gdxw/202104/15/t20210415_36475401.shtml.

念尚未成型、政治鉴别力不强、急需融入新环境、追求个人利益等原因，极容易被境外反华敌对势力通过威逼利诱等方式利用，以期达到"以港乱华"的阴险图谋。

9 普通公民中哪些人容易被境外间谍组织"选中"利用？

答： 国家安全无处不在，因此保护国家安全也是一项系统性工作，国家安全工作做到哪里，反间谍工作自然要跟到哪里。无论何种身份，每位公民都有可能被境外间谍组织策反。本章对国家机关工作人员、军工科研院所和军工企业的工作人员、高新技术研究人员、出国留学人员和驻外机构工作人员、大学生、专家学者等主体容易被境外间谍组织策反的要点进行了解读。对于不在上述群体范围内的公民，还有哪些人员容易被间谍组织"选中"实施策反计划，要考虑以下因素。

根据境外间谍情报机关工作的特点和间谍工作的需要，普通公民中容易被策反的人员有如下特点：一是接触人员广泛，有一定的影响他人的能力和条件。二是现实生活有一定的困难或负面情绪，容易情绪极端化。三是对外界有了解和表达的欲望。另外，处在重要地理位置附近的不特定群体也极容易被境外间谍情报机关"选中"，如居住在军事设施、开发不完全的自然区域等位置附近的居民，也是容易被当作策反对象的重点人群。

间谍行为识别

普通公民被境外间谍情报机关策反，往往是获得了来自境外的利益或被境外人员诱骗。境外间谍情报机关利用、策反普通公民进行间谍行为，主要是瞄准了个别公民能够提供的情报价值或社会影响。通过互联网发展、拉拢、诱骗公民以兼职、传播真相等名义进行的非法摄录、非法采集、反动宣传等间谍行为都是境外间谍情报机关的惯用伎俩。有时候，普通公民不以为意的数据、信息，对境外间谍情报机关而言有重要的价值，人民群众面对"掉馅饼"的怪事要及时举报。

反间谍提醒

保卫国家安全，人人有责。加强国家安全意识，提高间谍防范意识，是每位公民提高个人素养的重要部分。此外，由于个人利害得失而被境外反动势力诱惑误导甚至策反，是严重的犯罪行为。每位公民都要始终绷紧国家安全这根弦，不要被境外间谍情报机关所利用。

间谍往往使用掩护身份，如伪装成记者、商人、学者等，想尽一切办法获取情报，将非法间谍窃密活动隐藏于正常活动中。但是，如果仔细观察，间谍活动还是有迹可循的。现实中间谍往往有以下特点：

（1）打听内部资料、涉密信息。无论打着什么旗号，关心国家大事也好，收集资料做研究也好，或者明码标价"高价收购"也好，只要热衷于打听内部资料、涉密材料、保密文件，以及带有保密性质或不宜公开的信息的，就要引起高度警惕。

（2）打探敏感信息。以"军事爱好者""社会研究者"或者是通过报纸、杂志约稿的名义，打探一些涉及军事装备和动向、矿产资源分布储备、社会民生和调研分析，以及未来规划方案、国家重大利益项目情况、政策制定和执行情况的，很可能是间谍。

（3）拿着奇怪设备瞎转悠。为了开展间谍活动，间谍都会装备一些间谍器材，如可以用来拍照、录音的钱包、手表、眼镜。还有一些奇奇怪怪、在生活中很少见的设备，如未经相关部门许可的手持地理测绘设备、空中信号测量设备、气象数据采集设备、特殊用途的光学图像设备等，都是间谍用来进行窃密活动的工具。如果发现一些奇怪的人拿着奇怪的设备在一些敏感地域活动，或是在重要敏感地域安装奇怪设备，都要引起高度注意，必要时要向有关部门反映情况。

（4）从事与身份不相符行为。间谍常常会伪装身份开展间谍活动，如伪装成记者、商人、学者、游客、公益人士等。如果某人从事的事情与其身份不相符合，就可能是在进行间谍活动。如一个记者，不专心进行客观真实报道，总喜欢歪曲炒作社会负面信息；一个商人不专注生意活动，却对一些敏感的政治军事方面的内容感兴趣。这些不合理表现，应引起高度关注。

典型事例

张某偷拍军舰泄密案[①]

2014年4月，张某在微信上收到一个陌生人的交友申请。对方自称是境外杂志社记者，被张某的个人信息所吸引，出于刊发军事舰船专栏报道的需要，想聘请张某作为网上兼职人员提供军舰的照片。张某被"兼职"的优厚条件所吸引，就想方设法"创造条件"去拍摄军舰。在收到对方给的拍摄经费后，张某就按照对方要求购买了专业的照相、传输设备，定期对"辽

[①] 参见王艺：《某市男子向境外间谍提供500多张"辽宁舰"照片》，载人民网2015年3月10日，http://military.people.com.cn/n/2015/0310/c1011-26665320.html。

宁舰"进行观察拍照。

为了获取更高的报酬，张某按照对方的要求辞去了原来的工作，设法进入某军工企业收集情报。在被采取强制措施时，张某共向境外间谍提供"辽宁舰"等目标照片500余张，其他敏感照片200余张。在此期间，张某收取了对方的经费4万余元。

2015年2月12日，张某的行为因构成为境外窃取、非法提供国家秘密罪，其被判处有期徒刑6年，剥夺政治权利3年。

第四章 法律责任

1 我国有关防范、制止和惩治间谍行为的主要法律法规有哪些？

答：《中华人民共和国国家安全法》是国家安全工作的基本法律，统领国家安全各个领域包括反间谍领域的工作。

我国有关防范、制止和惩治间谍行为的专门法律法规规章包括《中华人民共和国反间谍法》《中华人民共和国反间谍法实施细则》《反间谍安全防范工作规定》《公民举报危害国家安全行为奖励办法》等。

此外，根据《中华人民共和国反间谍法》第五十三条、第六十条和第六十九条的规定，违反该法规定，构成犯罪的，依法追究刑事责任。因此，对于构成犯罪的，应当根据《中华人民共和国刑法》《中华人民共和国刑事诉讼法》追究刑事法律责任；对于尚不构成犯罪的，根据《中华人民共和国反间谍法》第五章法律责任的规定和《中华人民共和国行政处罚法》有关规定追究行政法律责任，进行行政处罚或处理。

反间谍提醒

《中华人民共和国反间谍法》是为了防范、制止和惩治间谍行为，维护国家安全，保护人民利益而制定的专门性法律。《中华人民共和国反间谍法实施细则》是对《中华人民共和国反间谍法》的细化规定。

《反间谍安全防范工作规定》是旨在加强和规范反间谍安全防范工作，督促机关、团体、企业事业组织和其他社会组织落实反间谍安全防范责任的部门规章。

《公民举报危害国家安全行为奖励办法》是为了鼓励公民举报危害国家安全行为，规范危害国家安全行为举报奖励工作，动员全社会力量共同维护国家安全而制定的部门规章。

关于违反相关规定应当承担的责任，应当结合《中华人民共和国反间谍法》《中华人民共和国刑法》等法律法规综合研判，区分行政处罚和刑事责任。

《中华人民共和国刑法》分则第一章专章规定了危害国家安全罪，其中第一百一十条和第一百一十一条分别规定了间谍罪和为境外窃取、刺探、收买、非法提供国家秘密、情报罪。第六章妨害社会管理秩序罪还规定了非法获取国家秘密罪，非法持有国家绝密、机密文件、资料、物品罪，非法生产、销售专用间谍器材、窃听、窃照专用器材罪，拒绝提供间谍犯罪证据罪等。此外，故意阻碍国家安全机关工作人员依法执行任务的，还可能构成妨害公务罪。

2 明知他人实施间谍行为，为其提供信息、资金、物资、劳务、技术、场所等支持、协助，或者窝藏、包庇，有何后果？

答：根据《中华人民共和国反间谍法》第五十三条和第五十四条的规定，明知他人实施间谍行为，为其提供信息、资金、物资、劳务、技术、场所等支持、协助，或者窝藏、包庇，构成犯罪的，依法追究刑事责任；尚不构成犯罪的，由国家安全机关予以警告或者处 15 日以下行政拘留，单处或者并处 5 万元以下罚款，违法所得在 5 万元以上的，单处或者并处违法所得 1 倍以上 5 倍以下罚款，并可以由有关部门依法予以处分。

如果是单位实施此种行为，除了对直接负责的主管人员和其他直接责任人员依照上述规定处罚，国家安全机关还会对单位予以警告，单处或者并处 50 万元以下罚款，违法所得在 50 万元以上的，单处或者并处违法所得 1 倍以上 5 倍以下罚款。

同时，国家安全机关根据相关单位、人员违法情节和后果，可以建议有关主管部门依法责令其停止从事相关业务、提供相关服务或者责令停产停业、吊销有关证照、撤销登记。有关主管部门应当将作出行政处理的情况及时向国家安全机关反馈。

间谍行为识别

明知他人实施间谍行为，仍然为其提供信息、资金、物资、劳务、技术、场所等支持、协助，或者窝藏、包庇，属于帮助实施间谍行为。尽管不是行为人直接实施间谍行为，但帮助行为也有违法性和危害性，因此《中华人民共和国反间谍法》规定依照间谍行为的处罚规定追究帮助行为的法律责任。

除了《中华人民共和国反间谍法》规定的行政拘留、警告、罚款、责令停止从事相关业务及提供相关服务、责令停产停业、吊销有关证照或者撤销登记的法律责任,对于帮助实施间谍行为,甚至可能构成犯罪,如间谍罪的帮助犯、窝藏、包庇罪等。

关联法规

《中华人民共和国刑法》第一百零七条　境内外机构、组织或者个人资助实施本章第一百零二条、第一百零三条、第一百零四条、第一百零五条规定之罪的,对直接责任人员,处五年以下有期徒刑、拘役、管制或者剥夺政治权利;情节严重的,处五年以上有期徒刑。

《中华人民共和国刑法》第三百一十条　明知是犯罪的人而为其提供隐藏处所、财物,帮助其逃匿或者作假证明包庇的,处三年以下有期徒刑、拘役或者管制;情节严重的,处三年以上十年以下有期徒刑。

犯前款罪,事前通谋的,以共同犯罪论处。

新旧法变化

2023 年《中华人民共和国反间谍法》	2014 年《中华人民共和国反间谍法》
第五十四条　个人实施间谍行为,尚不构成犯罪的,由国家安全机关予以警告或者处十五日以下行政拘留,单处或者并处五万元以下罚款,违法所得在五万元以上的,单处或者并处违法所得一倍以上五	注:对于帮助实施间谍行为,2014 年《中华人民共和国反间谍法》没有作出具体规定。根据《中华人民共和国反间谍法实施细则》第十九条的规定,实施危害国家安全的行为,由有关部门依法予以处

续表

2023年《中华人民共和国反间谍法》	2014年《中华人民共和国反间谍法》
倍以下罚款,并可以由有关部门依法予以处分。 明知他人实施间谍行为,为其提供信息、资金、物资、劳务、技术、场所等支持、协助,或者窝藏、包庇,尚不构成犯罪的,依照前款的规定处罚。 单位有前两款行为的,由国家安全机关予以警告,单处或者并处五十万元以下罚款,违法所得在五十万元以上的,单处或者并处违法所得一倍以上五倍以下罚款,并对直接负责的主管人员和其他直接责任人员,依照第一款的规定处罚。 国家安全机关根据相关单位、人员违法情节和后果,可以建议有关主管部门依法责令停止从事相关业务、提供相关服务或者责令停产停业、吊销有关证照、撤销登记。有关主管部门应当将作出行政处理的情况及时反馈国家安全机关。 注:《中华人民共和国反间谍法》第五十四条是2023年修法时新增的条款,扩充了追究行政法律责任的工具箱,尤其细化了单位帮助实施间谍行为的法律规定,有利于打击帮助实施间谍行为。	分,国家安全机关也可以予以警告;构成犯罪的,依法追究刑事责任。该条适用于追究帮助实施间谍行为的责任。

三、典型事例

李某某资助危害国家安全犯罪活动案[①]

李某某，男，1955 年出生于某市，后加入某外国国籍，但长期在国内经商。2009 年，李某某在某国家参加一场反华活动时，结识了反华分子杨某某。此后，李某某在明知杨某某从事危害我国国家安全犯罪活动的情况下，长期资助杨某某实施相关犯罪活动。其中，2016 年至 2019 年，李某某以现金或者支票方式资助杨某某 10 余万美元，折合人民币 100 余万元。

一审法院判决如下：李某某犯资助危害国家安全犯罪活动罪，判处有期徒刑 11 年，并处没收个人财产人民币 200 万元。一审宣判后，李某某提出上诉。二审法院裁定如下：驳回上诉，维持原判。

该案是近年来人民法院审理的一起典型危害国家安全犯罪案件。该案中，被告人李某某明知杨某某在境外实施危害我国国家安全的犯罪活动仍向杨某某提供资助，资助杨某某实施了一系列危害我国国家安全的犯罪活动，对我国的国家安全造成了严重危害，其行为符合《中华人民共和国刑法》规定的资助危害国家安全犯罪活动罪的构成要件，依法应以资助危害国家安全犯罪活动罪定罪处罚。

---

① 参见《最高法发布平安中国建设第一批典型案例》，载最高人民法院网 2021 年 12 月 31 日，https：//www.court.gov.cn/fabu－xiangqing－339541.html。

3. 在境外受胁迫或者受诱骗参加间谍组织、敌对组织，从事危害中华人民共和国国家安全的活动，有可能不受追究吗？

答：根据《中华人民共和国反间谍法》第五十五条第二款，在境外受胁迫或者受诱骗参加间谍组织、敌对组织，从事危害中华人民共和国国家安全的活动，及时向中华人民共和国驻外机构如实说明情况，或者入境后直接或者通过所在单位及时向国家安全机关如实说明情况，并有悔改表现的，可以不予追究。

因此，在境外受胁迫或者受诱骗参加间谍组织、敌对组织，从事危害中华人民共和国国家安全的活动，及时如实说明情况并有悔改表现的，可以不予追究。

反间谍提醒

如果受到境外间谍组织或者敌对组织直接的暴力威胁，或者被其以揭露隐私、加害亲友等手段相威胁施加精神控制而不敢不从，或者被以金钱、美色等引诱落入圈套后受其控制，或者受到歪曲事实真相的蛊惑宣传等参加间谍组织或者敌对组织，从事危害中华人民共和国国家安全的活动，不要越陷越深，应该主动自首，交代情况，争取宽大处理。

如果行为人在境外，应当及时与我国驻外机构取得联系，如实说明情况，获得有关部门的帮助，避免产生更严重的危害国家安全的后果；如果行为人已经入境，可以及时直接联系国家安全机关如实说明情况，也可以通过所在单位（如主动先向所在单位说明相关情况,在所在单位陪同下)及时向国家安全机关如实说明情况。

此外,不予追究还需要行为人真诚悔悟,配合国家安全机关积极采取行动,减轻、消除自己先前行为所带来的危害和不良影响。

新旧法变化

2023年《中华人民共和国反间谍法》	2014年《中华人民共和国反间谍法》
第五十五条第二款 在境外受胁迫或者受诱骗参加间谍组织、敌对组织,从事危害中华人民共和国国家安全的活动,及时向中华人民共和国驻外机构如实说明情况,或者入境后直接或者通过所在单位及时向国家安全机关如实说明情况,并有悔改表现的,可以不予追究。	第二十八条 在境外受胁迫或者受诱骗参加敌对组织、间谍组织,从事危害中华人民共和国国家安全的活动,及时向中华人民共和国驻外机构如实说明情况,或者入境后直接或者通过所在单位及时向国家安全机关、公安机关如实说明情况,并有悔改表现的,可以不予追究。

三、典型事例

1. 驻外企业员工遭遇"审查滋扰",被威逼胁迫出卖信息并自首①

2018年6月,我国一家科技公司驻某国分公司总经理赵某,突然被几名自称该国反贪局的工作人员带走,他们对赵某进行了长达5个小时的威逼利诱,逼迫其提供所在科技公司的内部情

---

① 参见《注意了!这个特殊号码,关乎"头等大事"》,载人民网2020年4月17日,http://m.people.cn/n4/0/2020/0417/c22-13877625-3_2.html。

况。沉着冷静后的赵某只向对方提供了一些无关痛痒的情况，但对方依然不死心。他们逼迫赵某用中文写下"我申请我的问题由情报局处理"，并在日后以此来威胁赵某提供公司内的核心信息。罪恶感像雪球一样在赵某的心中越滚越大。经过一番思想斗争，2019年3月18日，赵某走进我国驻该国大使馆，如实报告了他所遭遇的情况，并积极配合查明案情。

鉴于赵某及时中止违法犯罪行为，国家安全机关依法对其不予追究法律责任。

2. 李某某境外受胁迫参与违反国家安全活动并主动自首①

李某某，男，1972年生，某边境城市国家机关副科级干部。李某某陪同两名中方客户赴某国考察，在其入关时被境外间谍情报机关人员带离盘问，对其随身行李进行搜查，将其手机存储内容进行复制，并询问其通讯录内联系人情况。随后，境外间谍人员以莫须有的理由强行对李某某开具行政处罚，并要求李某签署为对方服务的保证书，否则不得离开。李某某迫于无奈，在胁迫之下签署了保证书。

李某某回国后，第一时间向当地国家安全机关自首。通过对其政策宣讲、思想教育，李某某如实讲述了在境外被境外间谍情报机关胁迫策反全过程，并积极配合国家安全机关开展宣传教育。根据2014年《中华人民共和国反间谍法》第二十八条规定，国家安全机关对李某某不予追究。

---

① 参见《他们被境外间谍机构策反，案情触目惊心》，载人民日报网2019年4月18日，https://wap.peopleapp.com/article/4073995/3931444。

4. 泄露有关反间谍工作的国家秘密的违法行为人，应当承担什么责任？

答： 根据《中华人民共和国反间谍法》第六十条的规定，泄露有关反间谍工作的国家秘密，构成犯罪的，依法追究刑事责任；尚不构成犯罪的，由国家安全机关予以警告或者处 10 日以下行政拘留，可以并处 3 万元以下罚款。

泄露有关反间谍工作的国家秘密，构成犯罪的，依照《中华人民共和国刑法》，以故意泄露国家秘密罪、过失泄露国家秘密罪定罪。

反间谍提醒

保守国家秘密是《中华人民共和国宪法》规定的公民义务。维护国家安全、防范间谍行为等危害国家安全的行为，不仅是国家安全机关的任务，而且是全社会的共同责任。国家秘密关系国家安全利益，有关反间谍工作的国家秘密更是直接关系反间谍工作的成败。有关反间谍工作的国家秘密被泄露，将严重影响国家安全机关履行反间谍职责。因此，有关个人和组织应当严格保密，避免国家秘密被不应知悉的人知悉。例如，如果国家安全机关在对嫌疑人展开调查的过程中，向你了解相关情况，请你提供协助、配合取证，你一定不能向其他人员泄露被请求支持协助反间谍工作的情况。

关联法规

《中华人民共和国宪法》第五十三条　中华人民共和国公民必须遵守宪法和法律，保守国家秘密，爱护公共财产，遵守劳动纪律，遵守公共秩序，尊重社会公德。

《中华人民共和国反间谍法》第八条　任何公民和组织都应当依法支持、协助反间谍工作，保守所知悉的国家秘密和反间谍工作秘密。

《中华人民共和国刑法》第三百九十八条　国家机关工作人员违反保守国家秘密法的规定，故意或者过失泄露国家秘密，情节严重的，处三年以下有期徒刑或者拘役；情节特别严重的，处三年以上七年以下有期徒刑。

非国家机关工作人员犯前款罪的，依照前款的规定酌情处罚。

新旧法变化

2023年《中华人民共和国反间谍法》	2014年《中华人民共和国反间谍法》
第六十条第一项　违反本法规定，有下列行为之一，构成犯罪的，依法追究刑事责任；尚不构成犯罪的，由国家安全机关予以警告或者处十日以下行政拘留，可以并处三万元以下罚款： （一）泄露有关反间谍工作的国家秘密；	第三十一条　泄露有关反间谍工作的国家秘密的，由国家安全机关处十五日以下行政拘留；构成犯罪的，依法追究刑事责任。

三、典型事例

周某某泄露反间谍工作国家秘密案[①]

某市国家安全机关在侦办某重要案件时,向周某某询问了解与案情有关的情况。周某某签署完《保密告知书》后,在明知国家安全机关与其谈话内容涉及反间谍工作国家秘密的情况下,故意将国家安全机关询问内容泄露给案件的主要嫌疑对象,对侦办案件带来了较大危害。

该市国家安全机关依法对周某某处以行政拘留 10 日的处罚。

5. 明知他人有间谍犯罪行为,在国家安全机关向其调查有关情况、收集有关证据时,拒绝提供的,应当承担什么责任?

答:根据《中华人民共和国反间谍法》第六十条的规定,明知他人有间谍犯罪行为,在国家安全机关向其调查有关情况、收集有关证据时,拒绝提供,构成犯罪的,依法追究刑事责任;尚不构成犯罪的,由国家安全机关予以警告或者处 10 日以下行政拘留,可以并处 3 万元以下罚款。

明知他人有间谍犯罪行为,在国家安全机关向其调查有关情况、收集有关证据时,拒绝提供,构成犯罪的,依照《中华人民共和国刑法》,以拒绝提供间谍犯罪证据罪定罪。

[①] 参见周小雷:《我省查处一起泄露反间谍工作国家秘密案件》,载《湖南日报》2017 年 4 月 15 日,第 4 版。

反间谍提醒

明知他人有间谍犯罪行为，在国家安全机关向其调查有关情况、收集有关证据时，拒绝提供，严重妨碍了国家安全机关打击间谍犯罪的职能活动，给国家安全造成了重大损失。这种不作为的举措，极大地影响了国家安全机关同间谍分子作斗争的正常活动。根据我国有关法律规定，向国家安全机关如实提供有关危害国家安全的情况和证据，是公民应尽的义务。如果了解相关情况，比如间谍犯罪的参与人员、犯罪时间、作案手段、犯罪实施地点、作案工具、资金流通渠道等，应当如实、全面地告知国家安全机关，不得拒绝提供相关信息，更不得提供虚假信息。

关联法规

《中华人民共和国反间谍法》第三十二条　在国家安全机关调查了解有关间谍行为的情况、收集有关证据时，有关个人和组织应当如实提供，不得拒绝。

《中华人民共和国刑法》第三百一十一条　明知他人有间谍犯罪或者恐怖主义、极端主义犯罪行为，在司法机关向其调查有关情况、收集有关证据时，拒绝提供，情节严重的，处三年以下有期徒刑、拘役或者管制。

新旧法变化

2023年《中华人民共和国反间谍法》	2014年《中华人民共和国反间谍法》
第六十条第二项 违反本法规定，有下列行为之一，构成犯罪的，依法追究刑事责任；尚不构成犯罪的，由国家安全机关予以警告或者处十日以下行政拘留，可以并处三万元以下罚款： （二）明知他人有间谍犯罪行为，在国家安全机关向其调查有关情况、收集有关证据时，拒绝提供；	第二十九条 明知他人有间谍犯罪行为，在国家安全机关向其调查有关情况、收集有关证据时，拒绝提供的，由其所在单位或者上级主管部门予以处分，或者由国家安全机关处十五日以下行政拘留；构成犯罪的，依法追究刑事责任。

6 故意阻碍国家安全机关依法执行任务，应当承担什么责任？

答：根据《中华人民共和国反间谍法》第六十条的规定，故意阻碍国家安全机关依法执行任务，构成犯罪的，依法追究刑事责任；尚不构成犯罪的，由国家安全机关予以警告或者处10日以下行政拘留，可以并处3万元以下罚款。

故意阻碍国家安全机关依法执行任务，构成犯罪的，依照《中华人民共和国刑法》，以妨害公务罪、袭警罪定罪。

反间谍提醒

任何公民和组织都应当依法支持、协助反间谍工作。对于国家安全机关开展反间谍工作，不但不予以支持、协助，反而故意阻挠、妨碍国家安全机关执行任务，制造困难障碍的，属于违反《中华人民共和国反间谍法》的行为，行为人应当依法承担法律责任，情节严重的还可能构成妨害公务罪、袭警罪。

关联法规

《中华人民共和国刑法》第二百七十七条 以暴力、威胁方法阻碍国家机关工作人员依法执行职务的，处三年以下有期徒刑、拘役、管制或者罚金。

以暴力、威胁方法阻碍全国人民代表大会和地方各级人民代表大会代表依法执行代表职务的，依照前款的规定处罚。

在自然灾害和突发事件中，以暴力、威胁方法阻碍红十字会工作人员依法履行职责的，依照第一款的规定处罚。

故意阻碍国家安全机关、公安机关依法执行国家安全工作任务，未使用暴力、威胁方法，造成严重后果的，依照第一款的规定处罚。

暴力袭击正在依法执行职务的人民警察的，处三年以下有期徒刑、拘役或者管制；使用枪支、管制刀具，或者以驾驶机动车撞击等手段，严重危及其人身安全的，处三年以上七年以下有期徒刑。

新旧法变化

2023年《中华人民共和国反间谍法》	2014年《中华人民共和国反间谍法》
第六十条第三项　违反本法规定，有下列行为之一，构成犯罪的，依法追究刑事责任；尚不构成犯罪的，由国家安全机关予以警告或者处十日以下行政拘留，可以并处三万元以下罚款： （三）故意阻碍国家安全机关依法执行任务；	第三十条　以暴力、威胁方法阻碍国家安全机关依法执行任务的，依法追究刑事责任。 故意阻碍国家安全机关依法执行任务，未使用暴力、威胁方法，造成严重后果的，依法追究刑事责任；情节较轻的，由国家安全机关处十五日以下行政拘留。

典型事例

朱某某、郭某妨碍公务案[①]

某市国家安全机关工作人员在该市某广场执行工作任务期间，某公司总经理朱某某、部门经理郭某以种种借口故意阻挠国家安全机关依法执行公务。在此期间，朱某某、郭某无视国家安全机关工作人员的再三劝诫、警告，百般刁难，无理纠缠；朱某某还抢夺国家安全机关工作人员的警官证并推搡干警；郭某则纠集该公司10余名员工聚众对抗、僵持1个多小时之久，引起围观。

朱某某、郭某无视法律，公然聚众阻挠国家安全机关工作人员依法执行工作任务的恶劣行为，严重干扰了国家安全机关依法执行公务，造成极坏影响。国家安全机关依法对朱某某、郭某处以拘留15日的行政处罚。

[①] 参见《某市国家安全机关依法查处一起故意妨害执行公务案》，载人民网2014年8月29日，http://politics.people.com.cn/n/2014/0829/c1001-25566416.html。

7. 隐藏、转移、变卖、损毁国家安全机关依法查封、扣押、冻结的财物，应当承担什么责任？

答： 根据《中华人民共和国反间谍法》第六十条的规定，隐藏、转移、变卖、损毁国家安全机关依法查封、扣押、冻结的财物，构成犯罪的，依法追究刑事责任；尚不构成犯罪的，由国家安全机关予以警告或者处 10 日以下行政拘留，可以并处 3 万元以下罚款。

隐藏、转移、变卖、损毁国家安全机关依法查封、扣押、冻结的财物，构成犯罪的，依据《中华人民共和国刑法》，以非法处置查封、扣押、冻结的财产罪定罪。

反间谍提醒

根据《中华人民共和国反间谍法》第二十五条、第三十条、第三十一条、第六十二条，国家安全机关在反间谍工作中依法定职权和程序依法采取查封、扣押、冻结措施，对于维护国家安全、开展反间谍工作有重要意义。私自隐匿被查封、扣押、冻结的财物，转移相关财物的位置或转移所有权，将其变卖或者损坏毁灭，都是违法行为，要承担法律责任；构成犯罪的，还会被追究刑事责任。

关联法规

《中华人民共和国刑法》第三百一十四条 隐藏、转移、变卖、故意毁损已被司法机关查封、扣押、冻结的财产，情节严重的，处三年以下有期徒刑、拘役或者罚金。

新旧法变化

2023 年《中华人民共和国反间谍法》	2014 年《中华人民共和国反间谍法》
第六十条第四项　违反本法规定，有下列行为之一，构成犯罪的，依法追究刑事责任；尚不构成犯罪的，由国家安全机关予以警告或者处十日以下行政拘留，可以并处三万元以下罚款： （四）隐藏、转移、变卖、损毁国家安全机关依法查封、扣押、冻结的财物；	第三十三条　隐藏、转移、变卖、损毁国家安全机关依法查封、扣押、冻结的财物的，或者明知是间谍活动的涉案财物而窝藏、转移、收购、代为销售或者以其他方法掩饰、隐瞒的，由国家安全机关追回。构成犯罪的，依法追究刑事责任。

8. 明知是间谍行为的涉案财物而窝藏、转移、收购、代为销售或者以其他方法掩饰、隐瞒，应当承担什么责任？

答： 根据《中华人民共和国反间谍法》第六十条的规定，明知是间谍行为的涉案财物而窝藏、转移、收购、代为销售或者以其他方法掩饰、隐瞒，构成犯罪的，依法追究刑事责任；尚不构成犯罪的，由国家安全机关予以警告或者处 10 日以下行政拘留，可以并处 3 万元以下罚款。

明知是间谍行为的涉案财物而窝藏、转移、收购、代为销售或者以其他方法掩饰、隐瞒，构成犯罪的，依据《中华人民共和国刑法》，以掩饰、隐瞒犯罪所得、犯罪所得收益罪定罪。

反间谍提醒

有关间谍行为的涉案财物依法应当由国家安全机关依法定职权和程序依法予以查封、扣押、冻结,进行妥善保管,并根据调查情况对涉案财物进行不同处理。如果明知是间谍行为的涉案财物,还将其隐藏或转移到其他地方,替犯罪嫌疑人保存起来,或采取变卖等其他方法掩饰、隐瞒,以躲避国家安全机关的查处,行为人要承担法律责任。

关联法规

《中华人民共和国刑法》第三百一十二条 明知是犯罪所得及其产生的收益而予以窝藏、转移、收购、代为销售或者以其他方法掩饰、隐瞒的,处三年以下有期徒刑、拘役或者管制,并处或者单处罚金;情节严重的,处三年以上七年以下有期徒刑,并处罚金。

单位犯前款罪的,对单位判处罚金,并对其直接负责的主管人员和其他直接责任人员,依照前款的规定处罚。

新旧法变化

2023年《中华人民共和国反间谍法》	2014年《中华人民共和国反间谍法》
第六十条第五项 违反本法规定,有下列行为之一,构成犯罪的,依法追究刑事责任;尚不构成犯罪的,由国家安全机关予以警告或者处十日以下行政拘留,可以并处三万元以下罚款: (五)明知是间谍行为的涉案财物而窝藏、转移、收购、代为销售或者以其他方法掩饰、隐瞒;	第三十三条 隐藏、转移、变卖、损毁国家安全机关依法查封、扣押、冻结的财物的,或者明知是间谍活动的涉案财物而窝藏、转移、收购、代为销售或者以其他方法掩饰、隐瞒的,由国家安全机关追回。构成犯罪的,依法追究刑事责任。

9. 对依法支持、协助国家安全机关工作的个人和组织进行打击报复，应当承担什么责任？

答： 根据《中华人民共和国反间谍法》第六十条的规定，对依法支持、协助国家安全机关工作的个人和组织进行打击报复，构成犯罪的，依法追究刑事责任；尚不构成犯罪的，由国家安全机关予以警告或者处 10 日以下行政拘留，可以并处 3 万元以下罚款。

反间谍提醒

对支持、协助国家安全机关工作或者依法检举、控告的个人和组织，任何个人和组织不得压制和打击报复。支持、协助国家安全机关工作的个人和组织对于国家安全机关在残酷的反间谍斗争中赢得胜利，发挥着不可替代的作用。任何个人和组织不得对维护国家安全的战士们采取任何形式的打击报复，否则，应当承担法律责任。

关联法规

《中华人民共和国刑法》第二百五十四条　国家机关工作人员滥用职权、假公济私，对控告人、申诉人、批评人、举报人实行报复陷害的，处二年以下有期徒刑或者拘役；情节严重的，处二年以上七年以下有期徒刑。

《中华人民共和国刑法》第三百零八条　对证人进行打击报复的，处三年以下有期徒刑或者拘役；情节严重的，处三年以上七年以下有期徒刑。

新旧法变化

2023年《中华人民共和国反间谍法》	2014年《中华人民共和国反间谍法》
第五十二条第二款 对支持、协助国家安全机关工作或者依法检举、控告的个人和组织，任何个人和组织不得压制和打击报复。	第二十六条第二款 对协助国家安全机关工作或者依法检举、控告的个人和组织，任何个人和组织不得压制和打击报复。
第六十条第六项 违反本法规定，有下列行为之一，构成犯罪的，依法追究刑事责任；尚不构成犯罪的，由国家安全机关予以警告或者处十日以下行政拘留，可以并处三万元以下罚款： （六）对依法支持、协助国家安全机关工作的个人和组织进行打击报复。	
注：2014年《中华人民共和国反间谍法》没有规定打击报复行为的行政法律责任，2023年修法时补上了这一缺口，加大了对个人和组织依法支持、协助国家安全机关工作的保障力度。	

10 对国家安全机关工作人员的哪些违法行为应当依法追究法律责任？

答：《中华人民共和国反间谍法》第六十九条规定，国家安全机关工作人员滥用职权、玩忽职守、徇私舞弊，或者有非法拘禁、刑讯逼供、暴力取证、违反规定泄露国家秘密、工作秘密、商业秘密和个人隐私、个人信息等行为，依法予以处分，构成犯罪的，依法追究刑事责任。

反间谍提醒

国家安全机关工作人员在工作中要严格遵守法律规定，若存在违法或犯罪行为，应承担相应的法律责任，包括处分和刑事责任。公民对国家安全机关及其工作人员超越职权、滥用职权和其他违法的行为，都有权向上级国家安全机关或者监察机关、检察机关等有关部门检举、控告。受理检举、控告的国家安全机关或者监察机关、检察机关等有关部门应当及时查清事实，负责处理，并将处理结果及时告知检举人、控告人。公民的检举和控告行为受到法律保护，任何个人和组织不得压制和打击报复。

新旧法变化

2023年《中华人民共和国反间谍法》	2014年《中华人民共和国反间谍法》
第六十九条 国家安全机关工作人员滥用职权、玩忽职守、徇私舞弊，或者有非法拘禁、刑讯逼供、暴力取证、违反规定泄露国家秘密、**工作秘密**、商业秘密和个人隐私、**个人信息**等行为，**依法予以处分**，构成犯罪的，依法追究刑事责任。 **注**：国家安全机关工作人员对其违法行为，在承担刑事责任的同时，也有可能被给予处分。	第三十七条 国家安全机关工作人员滥用职权、玩忽职守、徇私舞弊，构成犯罪的，或者有非法拘禁、刑讯逼供、暴力取证、违反规定泄露国家秘密、商业秘密和个人隐私等行为，构成犯罪的，依法追究刑事责任。

续表

2023年《中华人民共和国反间谍法》	2014年《中华人民共和国反间谍法》
新增违反规定泄露工作秘密、个人信息的行为也需要承担相应的责任的规定。	

11 间谍行为是否都会被追究刑事责任？

答：间谍行为不一定都会被追究刑事责任。《中华人民共和国反间谍法》对间谍行为的刑事责任、行政责任和处分作出了规定。

《中华人民共和国反间谍法》第五十三条规定，实施间谍行为，构成犯罪的，依法追究刑事责任。第五十四条第一款规定，个人实施间谍行为，尚不构成犯罪的，由国家安全机关予以警告或者处15日以下行政拘留，单处或者并处5万元以下罚款，违法所得在5万元以上的，单处或者并处违法所得1倍以上5倍以下罚款，并可以由有关部门依法予以处分。同时第二款规定，明知他人实施间谍行为，为其提供信息、资金、物资、劳务、技术、场所等支持、协助，或者窝藏、包庇，尚不构成犯罪的，依照第五十四条第一款规定处罚，即也可能承担行政责任或受到处分。因此，实施间谍行为但不构成犯罪的，可能承担行政责任或受到处分。

反间谍提醒

公民切不可认为自己实施的间谍行为不构成犯罪，就不需要承担相应的法律责任。我国法律责任承担的形式分为民事责任、行政责任和刑事责任，不承担刑事责任不意味着不会受到法律的规制。公民若有间谍行为，视情节的严重程度承担行政责任或刑事责任，还有可能受到处分。

新旧法变化

2023年《中华人民共和国反间谍法》	2014年《中华人民共和国反间谍法》
第五十三条　实施间谍行为，构成犯罪的，依法追究刑事责任。 第五十四条　个人实施间谍行为，尚不构成犯罪的，由国家安全机关予以警告或者处十五日以下行政拘留，单处或者并处五万元以下罚款，违法所得在五万元以上的，单处或者并处违法所得一倍以上五倍以下罚款，并可以由有关部门依法予以处分。 明知他人实施间谍行为，为其提供信息、资金、物资、劳务、技术、场所等支持、协助，或者窝藏、包庇，尚不构成犯罪的，依照前款的规定处罚。 单位有前两款行为的，由国家安全机关予以警告，单处或者并处五十万元以下罚款，违法所得在五十万元以上的，单处或者并处违法所得一倍以上五倍以下罚款，并对直接负责的主管人员和其他直接责任人员，依照第一款的规定处罚。 国家安全机关根据相关单位、人员违法情节和后果，可以建议有	注：2014年《中华人民共和国反间谍法》并未对间谍行为需要承担的行政责任作出明确规定，虽然在实践中，国家安全机关可援引其他法律法规对尚不构成犯罪的间谍行为作出处罚，如《中华人民共和国反间谍法实施细则》第十九条规定"实施危害国家安全的行为，由有关部门依法予以处分，国家安全机关也可以予以警告；构成犯罪的，依法追究刑事责任"，但此种规定形式容易使公民产生间谍行为仅承担刑事责任的误解。

续表

2023 年《中华人民共和国反间谍法》	2014 年《中华人民共和国反间谍法》
关主管部门依法责令停止从事相关业务、提供相关服务或者责令停产停业、吊销有关证照、撤销登记。有关主管部门应当将作出行政处理的情况及时反馈国家安全机关。 注：2023 年《中华人民共和国反间谍法》第五十四条是此次修法的新增条款，扩充了追究行政法律责任的"工具箱"，尤其细化了单位帮助实施间谍行为的法律规制，有利于打击帮助实施间谍行为。 第五十四条明确了个人实施间谍行为，尚不构成犯罪的，应承担相应的行政责任，并明确了行政处罚的标准，同时规定了处分，使国家安全机关行使行政处罚权和处分权时依据更为明确，也有利于公民依据法律规范自己的行为。	

三、典型事例

合作还是窃密？必须仔细甄别[①]

李某是某省 S 市一家咨询公司的负责人，他所经营的公司主要为境外公司提供供应链风险审核服务。为获得更多为境外

---

① 参见《拍案 | "国门"之外、网络背后……这些危害国家安全的行为要警惕》，载新华网 2023 年 4 月 14 日，http://www.news.cn/2023-04/14/c_1129522442.htm。

企业服务的机会,几年前,李某的公司与境外非政府组织开展了合作。合作过程中,李某慢慢发现,这个非政府组织的态度渐渐发生了变化,他们对中国企业的审核标准越来越细,特别是针对所谓"新疆劳工"等内容提出了新的审核要求。尽管李某已经发觉,该境外非政府组织积极搜集所谓新疆"人权问题"的信息是为了炮制"强迫劳动"谎言,为西方反华势力操弄涉疆问题、实施涉疆制裁提供"背书",但为了追求经济利益,李某的公司仍然承接执行了相关调查项目,给我国国家安全和利益带来了风险隐患。

该省国家安全机关依据 2014 年《中华人民共和国反间谍法》《中华人民共和国反间谍法实施细则》《反间谍安全防范工作规定》对李某予以处罚,并责令其公司实施整改。

12 间谍行为能否由单位构成?

答:间谍行为能够由单位构成。

按照《中华人民共和国反间谍法》第五十四条第三款的规定,单位实施间谍行为,或明知他人实施间谍行为,为其提供信息、资金、物资、劳务、技术、场所等支持、协助,或者窝藏、包庇,由国家安全机关予以警告,单处或者并处 50 万元以下罚款,违法所得在 50 万元以上的,单处或者并处违法所得 1 倍以上 5 倍以下罚款。同时,单位直接负责的主管人员和其他直接责任人员,也需要承担相应的责任。

由于《中华人民共和国刑法》并未规定间谍罪及其相关罪名的单位犯罪,因此若单位实施间谍行为,作为主体的单位不能承担刑事责任。

反间谍提醒

按照《中华人民共和国反间谍法》的规定，单位若有间谍行为，需要承担相应的行政法律责任。公民切不可打着单位的"幌子"，进行间谍行为。若单位有间谍行为，不仅单位要承担相应的行政责任，单位的直接负责的主管人员和其他直接责任人员，也要承担相应的行政责任或受到处分。

新旧法变化

2023年《中华人民共和国反间谍法》	2014年《中华人民共和国反间谍法》
第五十四条第三款　单位有前两款行为的，由国家安全机关予以警告，单处或者并处五十万元以下罚款，违法所得在五十万元以上的，单处或者并处违法所得一倍以上五倍以下罚款，并对直接负责的主管人员和其他直接责任人员，依照第一款的规定处罚。	注：2014年《中华人民共和国反间谍法》并未对单位实行间谍行为作出规定。

典型事例

某咨询公司沦为境外情报机构帮凶[①]

国家安全机关侦办多起专案发现，许多背景复杂的境外机

---

① 参见央视新闻：《官方披露！这家公司沦为境外情报机构帮凶》，载中共中央政法委员会中国长安网2023年5月9日，https：//www.chinapeace.gov.cn/chinapeace/c100007/2023-05/09/content_12655733.shtml。

构，为规避我国法律法规和重点敏感行业监管，掩饰弱化境外背景，借助国内咨询公司等行业，窃取我国重点领域国家秘密和情报。有的国内咨询公司国家安全意识淡薄，为了牟取经济利益，频繁游走在法律边缘。近期，国家安全机关会同相关部门，对国内某咨询行业龙头企业K公司进行公开执法。

K公司拥有1000多家客户，遍布境内境外。业务分为三大块，其中专家访谈占了业务总量的80%。K公司有着庞大的专家数据库，公司的工作人员还专门围绕境内政策研究、国防军工、金融货币、高新科技、能源资源、医药卫生等重点领域、重要行业物色挑选有影响力的专家，仅涉及国防军工领域的专家就有上千名。在境外咨询中，公司对这些专家并没有做任何规避。

K公司与每名受访专家均会提前签署含有"免责条款"的业务合同，要求专家自己履行保密责任，自己承担法律后果。在咨询过程中，K公司的工作人员不仅没有提醒专家注意保密，反而在客户有不正当要求时，为了促成咨询协助客户说服专家泄密。为满足客户需求，即使对一些涉及国防军工、尖端科技等敏感领域的咨询项目，具体负责的项目经理也会在公司内部群发邮件，发动大家围绕军工企业、涉密科研单位，多打电话，联系游说掌握相关内部情况的专家接受咨询。公司还告诉专家可以利用举例子、打比方等变通方法"侧面"回答敏感问题。

长期以来，为了赚取经济利益，K公司不仅怂恿重点领域的专家在咨询中泄密，作为一个有着大量境外咨询业务的公司，K公司还打着保护客户隐私行规的旗号，从不让专家清楚掌握咨询方的真实身份。K 公司虽然拥有合规团队和风险专员，但在实际咨询中，把关却流于形式，对境外客户提出的具体项目，是否可能敏感涉密，甚至存在搜集情报的嫌疑，全由员工个人判断把握，公司法务和高管也不会主动过问和监管。在逐利的过程中，对于部分工作单位要求不宜接受咨询的专家，K 公司还让他们起"化名"接受咨询，使用其他人员的银行账户接受报酬。

相关专家被咨询公司开出的丰厚报酬所吸引，并认为对方是家守法合规、管理规范的企业，进而放松了警惕，在涉外咨询中泄露内部敏感内容甚至国家秘密和情报，走上了违法犯罪道路。

韩某某，我国某大型国企高级研究员，因为境外窃取、刺探、非法提供国家秘密、情报罪，被判处有期徒刑 6 年。

韩某某在单位里的职位是涉密岗位，根据单位的要求，不能在外做兼职。但 2015 年，在 K 公司的盛情邀请下，韩某某还是成了这里的专家并接受咨询。第三次咨询中，韩某某的保密底线，就受到了挑战。在客户咨询敏感内容时，韩某某直接拒绝，但客户的反馈马上到了 K 公司那里。韩某某很快就接到了 K 公司工作人员的电话，说只要回答他们提供的表格，可以额外支付 2 倍的咨询费用。在工作人员的劝说下，韩某某越来越大胆，几年时间里，韩某某共接受咨询百余次，其中境外咨询超过 60%。其间，韩某某为了获取更多的咨询费用，还多次到单位内网下载涉密资料，通过公司内网下载窃取了近 5000 份文件资料，经国家保密部门鉴定，韩某某为境外窃取非法提供机密级国家秘密 1 份，秘密级国家秘密 2 份，情报 13 份，商业秘密 18 份。

雷某某，曾在我国某重点军工企业工作，因向境外泄露军事军工领域敏感信息，涉嫌为境外非法提供国家秘密罪。

雷某某曾在某高校与某重点军工企业合办的博士后站工作。2020年3月，雷某某在博士后站出站，他在网上投写的简历中，对自己重点军工企业的工作经历进行了详细的描述，这让他成功进入K公司的视野，并成为这里的咨询专家。

成为K公司的咨询专家后，雷某某陆续接受了几次咨询。2020年7月的这一次，有些异常。一直以来，K公司为了从法律上逃避监管义务，标榜只为客户引荐专家，不参与客户与专家的具体咨询过程。但按照以往的操作，客户的咨询必须在K公司的电话平台上进行。而在这次咨询前，雷某某被K公司告知应客户的要求，这次咨询会更换使用其他的电话会议平台，而且K公司的人全程不会参与。公司的反常行为并没有让雷某某警觉，客户抛出了关于军机型号保有量的问题，对于这样的敏感问题，雷某某没有回避，而是心存侥幸、极力卖弄，最终向对方透露了大量敏感信息。经国家保密部门鉴定，雷某某共向对方提供3份机密级国家秘密和3份秘密级国家秘密。

据国家安全机关调查掌握，K公司大量接受境外公司对我敏感行业的咨询项目，其中一些企业与外国政府、军方、情报机关关系密切。仅2017年到2020年，K公司就接受上百家境外公司汇款2000多次，金额高达7000多万美元。国家安全机关已经对涉事企业依法依规进行处理，对其中涉嫌违法犯罪的人员，将一查到底，追查其法律责任。

13 实施间谍行为后能否争取从宽处理？

答：实施间谍行为，可以争取从宽处理。

《中华人民共和国反间谍法》第五十五条第一款对实施间谍行为后的从宽处理作出了规定。实施间谍行为，有自首或者立功表现的，可以从轻、减轻或者免除处罚；有重大立功表现的，给予奖励。

该款规定的自首与《中华人民共和国刑法》规定的自首在认定上是一致的，即犯罪后自动投案，如实供述自己的罪行。[1] 自动投案是指犯罪事实或者犯罪嫌疑人未被司法机关发觉，或者虽被发觉，但犯罪嫌疑人在尚未受到讯问、未被采取强制措施时，主动、直接向公安机关、人民检察院或者人民法院投案；如实交代自己的主要犯罪事实，共同犯罪案件中的犯罪嫌疑人，除如实供述自己的罪行，还应当供述所知的同案犯，主犯则应当供述所知其他同案犯的共同犯罪事实，才能认定为自首。[2]

"立功表现"包含下列情形：（1）揭发、检举危害国家安全的其他犯罪分子，情况属实的；（2）提供重要线索、证据，使危害国家安全的行为得以发现和制止的；（3）协助国家安全机关、司法机关捕获其他危害国家安全的犯罪分子的；（4）对协助国家安全机关维护国家安全有重要作用的其他行为。

"重大立功表现"，是指在上述所列立功表现的范围内对国家

---

[1] 参见全国人大常委会法制工作委员会刑法室：《〈中华人民共和国反间谍法〉释义及实用指南》，中国民主法制出版社2015年版，第80页。

[2] 参见全国人大常委会法制工作委员会刑法室：《〈中华人民共和国反间谍法〉释义及实用指南》，中国民主法制出版社2015年版，第80页。

安全工作有特别重要作用的。

📝 普法小贴士

《中华人民共和国刑法》和《中华人民共和国反间谍法》对间谍行为的从宽处理作出了规定。《中华人民共和国刑法》对自首和立功的犯罪分子规定了可以从轻、减轻或者免除刑罚的具体情节。相较于普通的刑事犯罪，间谍罪对有自首、立功或重大立功表现的处理则更为宽松，主要体现在如下两个方面。一是犯间谍罪根据情节轻重，可以从轻、减轻或免除处罚，相对于一般犯罪的自首而言，间谍罪增加了免除处罚的规定。二是对于有重大立功表现的犯罪分子，不仅可以从宽处罚，还会给予奖励。我国制定这样特殊的刑事政策有一定的原因。间谍犯罪行为对国家安全危害严重，且这种犯罪隐蔽性强，侦破难度较大。犯罪分子自首或者立功对于防范和制止间谍犯罪以及其他危害国家安全的犯罪是很重要的。针对这一特点，为了鼓励间谍犯罪分子认罪悔过、坦白自首，消除、减轻间谍行为的危害，化消极因素为积极因素，《中华人民共和国反间谍法》对自首或有立功表现犯罪分子作出了更为宽松的处理。这样规定，不仅是同间谍犯罪分子作斗争的实际需要，还与我国一贯坚持的惩办与宽大相结合的刑事政策相一致。

🎯 反间谍提醒

一些危害国家安全的违法犯罪行为更加隐蔽，个人稍不注意就会被利用。公民在日常生活、工作中可能会在无意间做出间谍行为，如为高额报酬为相关组织或人员拍摄军事设施图片，在日常交流中将自己所知道的国家秘密告诉间谍。公民在意识到自己的行为可能属于间谍行为后,千万不要心怀侥幸,认为可以逃避处罚,切记"法网恢恢,疏而不漏"。若公民受到金钱或职位等方面的诱惑,做出了间谍行为,在国家安全机关还未对其进行调查前,如能主动认识到自己的错误,应立即"悬崖勒马"。公民在遇到上述情况时,正确的做法是应当立即向国家安全机关自首,或拨打"12339"举报受理电话,主动供述自己的违法犯罪事实,以争取宽大处理。若公民因间谍行为已经受到相关部门的调查,应在调查中如实交代自己的行为。

公民有自首或立功表现的,可以从轻、减轻或者免除处罚;有重大立功表现的,给予奖励。公民可以采取自首等方式来"将功补过",将自己给国家和社会带来的危害降到最低。

三、典型事例

吴某某、陈某某等自首案[①]

近年来,国家安全机关持续加大国家安全法律法规和"12339"举报受理电话的宣传力度。随着宣传教育的不断深入,公民自觉主动举报危害国家安全线索显著增多,其中有一些悬崖勒马、主动自首的情况。在我国某重要军事基地周边,2021年1月至6月,先后有4人主动向国家安全机关自首。其中2人是被他人"引荐"给境外间谍情报机关,另外2人是在使用某知名网络交友软件时被境外间谍情报机关实施了网络勾连。

吴某某,被朋友"引荐"给境外间谍情报机关后,按对方要求搜集了当地公告、交通管制信息等情况,并获取了对方给予

---

① 参见周斌:《国家安全机关公布4起危害国家安全典型案例》,载新华网2021年4月15日,http://www.xinhuanet.com/politics/2021-04/15/c_1127331422.htm。

的报酬。后来，因对方提出需要他想办法搜集"红头文件"，他才意识到对方可能是间谍，于2021年1月拨打"12339"自首。

沈某某是一名退役军人，其退役后以开私家车载客为兼职。一名受雇于境外间谍情报机关、在我国境内开展工作的人员搭乘其私家车进行观测时，将沈某某"引荐"给了境外间谍。对方认为沈某某具备观测军事目标的条件，于是对他实施了勾连，并部署搜集情报的任务。后来，沈某某发觉对方要求拍照的地点都是敏感的军事基地周边，意识到对方可能是境外间谍，于2021年5月主动向国家安全机关自首。

陈某某，在使用某网络交友软件时被境外间谍勾连。他执行了对方布置的观测任务并收受了报酬，后在家人劝说下，于2021年1月拨打"12339"自首。

孙某某，同样在使用该交友软件时，被境外间谍网络勾连。对方要求他查看当地部队发布的道路管制公告、录制军事目标视频。孙某某认为对方的行为与新闻报道中的间谍行为很吻合，于2021年6月向国家安全机关自首。

鉴于4人主动向国家安全机关自首，且未造成实质性危害，当地国家安全机关依法对其免予处罚，进行了教育训诫。

14 哪些行为是间谍行为以外的危害国家安全行为？

答：下列行为属于"间谍行为以外的危害国家安全行为"：

（1）组织、策划、实施分裂国家、破坏国家统一，颠覆国家政权、推翻社会主义制度的；

（2）组织、策划、实施危害国家安全的恐怖活动的；

(3)捏造、歪曲事实,发表、散布危害国家安全的文字或者信息,或者制作、传播、出版危害国家安全的音像制品或者其他出版物的;

(4)利用设立社会团体或者企业事业组织,进行危害国家安全活动的;

(5)利用宗教进行危害国家安全活动的;

(6)组织、利用邪教进行危害国家安全活动的;

(7)制造民族纠纷,煽动民族分裂,危害国家安全的;

(8)境外个人违反有关规定,不听劝阻,擅自会见境内有危害国家安全行为或者有危害国家安全行为重大嫌疑的人员的。

普法小贴士

根据《中华人民共和国反间谍法》规定,国家安全机关是反间谍工作的主管机关,承担防范、制止、惩治间谍行为的职责。同时,根据《中华人民共和国刑法》《中华人民共和国刑事诉讼法》以及国家有关规定,国家安全机关还履行防范、制止和惩治间谍行为以外的危害国家安全行为的职责。如防范、制止和打击境外机构、组织、个人实施或者指使、资助他人实施的,或者境内外机构、组织、个人相勾结实施的,间谍行为以外的危害中华人民共和国国家安全的行为。[①]

反间谍提醒

提到《中华人民共和国反间谍法》所规制的行为,很多人会

---

① 参见全国人大常委会法制工作委员会刑法室:《〈中华人民共和国反间谍法〉释义及实用指南》,中国民主法制出版社2015年版,第113页。

联想到间谍、特工、战争等,认为这些行为离自己的日常生活很远。实际上《中华人民共和国反间谍法》所规制的"间谍行为以外的危害国家安全行为"可能就发生在公民的日常生活之中。"组织、利用邪教进行危害国家安全的活动""捏造、歪曲事实,发表、散布危害国家安全的文字或者信息"等,都是《中华人民共和国反间谍法》所规制的行为。因此公民要提高国家安全意识,规范自己的日常行为,发现有危害国家安全的行为,有权制止,并应当及时向国家安全机关举报或者拨打"12339"进行举报。

三 典型事例

台湾地区犯罪嫌疑人杨某某涉嫌分裂国家罪一案①

杨某某,男,1990 年 1 月 21 日出生,台湾省台中人。杨某某长期鼓吹"台独"理念,伙同他人成立"台独"非法组织"台湾民族党",以"推动台湾成为主权独立国家并加入联合国"为目标,大肆鼓噪"公投建国",高调推行"急独"路线,策划实施"台独"分裂活动,涉嫌分裂国家犯罪和煽动分裂国家犯罪。

近一个时期以来,极少数"台独"顽固分子勾连外部势力,妄图分裂国家,极力煽动两岸对立,公然挑衅国家主权和领土完整,公然挑衅国家法律尊严,严重危害台海和平稳定,严重损害

---

① 参见李本扬、王莉:《国家安全机关对涉嫌危害国家安全犯罪嫌疑人杨某某实施刑事拘传审查》,载最高人民法院微信公众号 2022 年 8 月 3 日,https://mp.weixin.qq.com/s?__biz=MzA4MjQ5MzIxNQ==&mid=2650802743&idx=1&sn=33e7b02de72445d555fd80bf4e9f46cb&chksm=84704047b307c951ee836e0748433db274ffca4a12b5c0fb07c5a7fb84ded00969e6305b52ae&scene=21#wechat_redirect;《某省检察机关依法对杨某某批准逮捕》,载最高人民检察院微信公众号 2023 年 4 月 25 日,https://mp.weixin.qq.com/s/k9_x3WeYqTKZl1HdaT_iccw。

两岸同胞共同利益和中华民族根本利益。法网恢恢，疏而不漏。国家安全机关将坚决运用《反分裂国家法》《中华人民共和国国家安全法》等法律武器，对"台独"分裂势力谋"独"拒统、破坏和平的种种逆行，依法严惩不贷。

2022年8月3日，某省W市国家安全局依法对长期从事"台独"分裂活动、涉嫌危害国家安全的犯罪嫌疑人杨某某实施刑事拘传审查。2023年4月25日，据最高人民检察院微信公众号报道，台湾地区犯罪嫌疑人杨某某涉嫌分裂国家罪一案，由某省W市国家安全局侦查终结，移送W市检察院审查起诉。W市检察院以涉嫌分裂国家罪对杨某某批准逮捕。该案件正在进一步办理中。

第五章　国家安全机关如何反间谍

1. 反间谍工作的指导原则有哪些？

答：根据《中华人民共和国反间谍法》第二条和第三条的规定，反间谍工作坚持党中央集中统一领导，坚持总体国家安全观，坚持公开工作与秘密工作相结合、专门工作与群众路线相结合，坚持积极防御、依法惩治、标本兼治，筑牢国家安全人民防线。反间谍工作应当依法进行，尊重和保障人权，保障个人和组织的合法权益。

普法小贴士

党的领导是我国社会主义法治之魂，坚持中国共产党对国家安全的领导是总体国家安全观的本质特征。反间谍工作作为国家安全工作各领域的重要构成板块，《中华人民共和国反间谍法》作为中国特色社会主义法律体系的有机组成部分，都要求将党的领导作为在法治轨道上开展反间谍工作的首要指导原则。

总体国家安全观，是习近平新时代中国特色社会主义思想的重要组成部分，是我国国家安全理论的最新成果，是维护国家安全的行动纲领和科学指南，对加快推进中国特色社会主义现代化、实现中华民族伟大复兴的中国梦具有深远的重要意义。2015年公布实施的《中华人民共和国国家安全法》首先将"坚持总体国家安全观"列入总则当中。2023年《中华人民共和国反间谍法》的修订也体现了总体国家安全观的指导思想，将总体国家安全观明确为反间谍工作的指导原则之一。

从革命战争年代到社会主义建设和改革时期，在长期的对敌斗争和隐蔽战线斗争中，我们逐渐形成了一系列行之有效的工作原则。坚持公开工作和秘密工作相结合、专门工作与群众路线相结合，坚持积极防御、依法惩治、标本兼治，筑牢国家安全人民防线，都是这样的工作原则。这些经验、原则和做法，为我们在各个时期取得反间谍斗争的胜利，发挥了重要的指导作用，应当继续坚持。将这些实践检验有效且反间谍工作确需的措施上升为法律规定，有利于进一步规范和加强新形势下的反间谍工作，更好地发挥这些原则的指导作用。

法治原则也是反间谍工作的重要指导原则。《中华人民共和国宪法》在"总纲"第五条中规定，中华人民共和国实行依法治国，建设社会主义法治国家。一切国家机关和武装力量、各政党和各社会团体、各企业事业组织都必须遵守宪法和法律。任何组织或者个人都不得有超越宪法和法律的特权。《中华人民共和国宪法》是国家的根本法，其精神与原则通过立法的方式得到实施和落实，才能确保法律体系的融贯性。《中华人民共和国国家安全法》第四十三条第二款规定，国家机关及其工作人员在国家安全工作和涉及国家安全活动中，应当严格依法履行职责，不得超越职权、滥用职权，不得侵犯个人和组织的合法权益。《中华人民共和国公务员法》第十四条第一项、第四项中也规定，公务员应模范遵守、自觉维护宪法和法律，按照规定的权限和程序履行职责。这些规定都体现了以宪法为核心的中国特色社会主义法律体系的各个组成部分是价值观统一、逻辑一致、彼此能够相互支持和证立的。

尊重和保障人权也是反间谍工作的指导原则之一。2004年3月14日,十届全国人大二次会议通过《中华人民共和国宪法修正案》,该修正案的一项重要内容,便是将"国家尊重和保障人权"作为国家治理的一条重要原则写入宪法当中。从此,"尊重和保障人权"就成为中国特色社会主义法治体系的基本原则,它无疑也是《中华人民共和国反间谍法》的题中之义。

反间谍提醒

当前,世界百年未有之大变局加速演进,国内外形势发生深刻复杂变化,风险挑战明显增多,间谍与反间谍的斗争也依然处于紧张和激烈的博弈当中。这要求我们的反间谍工作更要牢牢坚持以上指导原则,其中,"坚持专门工作与群众路线相结合"原则,是党的群众路线在隐蔽战线的具体体现,是中国特色国家安全工作的政治优势,也是我们克敌制胜的重要法宝。

间谍行为具有较强的隐蔽性,间谍人员在进行渗透、刺探情报,窃取秘密,制造破坏,发展组织等活动时,会竭力规避国家安全机关的侦查与防范,使国家安全机关和其他有关部门开展工作存在较大难度。但是,间谍行为必须在人际交往中进行,不可能完全避开人民群众的视线,因此,反间谍工作不能脱离社会环境而孤立存在,离不开人民群众的支持与配合。

习近平总书记强调,"要坚持国家安全一切为了人民、一切依靠人民,动员全党全社会共同努力,汇聚起维护国家安全的强大力量"。在新时代的反间防谍工作中,我们必须继续坚持和发扬

"专门工作与群众路线相结合"这一原则,在加强国家安全机关和其他有关部门的工作能力的同时,充分发动和依靠广大人民群众,大力加强人民防线建设,组织动员各级各部门和广大人民群众共同参与,打一场反间谍"人民战争"。多年来的实践早已证明,只有做到专门机关与人民群众相结合,才能真正筑牢反间防谍的"钢铁长城",有效地防范和制止、惩治危害国家安全的行为。《中华人民共和国国家安全法》和《中华人民共和国反间谍法》中都规定了公民和组织维护国家安全的义务,这也是对专门工作与群众路线相结合这一指导原则的贯彻。

新旧法变化

2023年《中华人民共和国反间谍法》	2014年《中华人民共和国反间谍法》
第二条 反间谍工作坚持党中央集中统一领导,坚持总体国家安全观,坚持公开工作与秘密工作相结合、专门工作与群众路线相结合,坚持积极防御、依法惩治、标本兼治,筑牢国家安全人民防线。 第三条 反间谍工作应当依法进行,尊重和保障人权,保障个人和组织的合法权益。	第二条 反间谍工作坚持中央统一领导,坚持公开工作与秘密工作相结合、专门工作与群众路线相结合、积极防御、依法惩治的原则。 第五条 反间谍工作应当依法进行,尊重和保障人权,保障公民和组织的合法权益。

2 谁是反间谍工作的主管机关?参与反间谍工作的国家机关和组织还有哪些?

答:根据《中华人民共和国反间谍法》第六条和第七条第二

款的规定，国家安全机关是反间谍工作的主管机关。公安、保密等有关部门和军队有关部门按照职责分工，密切配合，加强协调，依法做好有关工作。一切国家机关和武装力量、各政党和各人民团体、企业事业组织和其他社会组织，都有防范、制止间谍行为，维护国家安全的义务。

普法小贴士

中华人民共和国成立后，公安机关承担了反间、反特等侦办危害国家安全犯罪的工作。1978年，中国共产党十一届三中全会对国内外的政治形势进行了重新判断，提出应当严格区别和正确处理人民内部矛盾与敌我矛盾这两类不同性质的矛盾，并且应当遵循宪法和法律规定的程序。指导方针的调整，对改革政法体制、明晰各政法机关的职责分工提出了要求。1983年，中央领导同意将原中共中央调查部与公安部负责反间谍及相关工作的机构合并，设立国家安全部，以适应新的历史时期形势发展的需要，保卫和促进社会主义现代化建设，加强反间谍工作，保障国家安全。同年6月，六届全国人大一次会议决定国务院设立国家安全部，于1983年7月1日正式成立的国家安全部和地方相应成立的国家安全厅、局等从此成为"国家安全机关"一词的指代对象。

1983年9月，六届全国人大常委会第二次会议通过《全国人民代表大会常务委员会关于国家安全机关行使公安机关的侦查、拘留、预审和执行逮捕的职权的决定》，该决定明确，国家安全机关承担原由公安机关主管的间谍、特务案件的侦查工作，因而国家安全机关可以行使宪法和法律规定的公安机关的侦查、拘留、预审和执行逮捕的职权。国家安全机关的反间谍等相关工作的开展,从此有了法律依据。1993年,《中华人民共和国国家安全法》颁布施行,明确国家安全机关是"国家安全工作的主管机关"。2014年,1993年《中华人民共和国国家安全法》更名修订为《中华人民共和国反间谍法》,原法中的"国家安全工作的主管机关"也相应地修改为"反间谍工作的主管机关",继续明确了国家安全机关是反间谍工作的主管机关。

当然,反间谍工作一方面需要明确分工,另一方面也需要强调协作。正如间谍行为会从政治、经济、军事、社会等各个领域进行渗透,反间谍工作也必然涉及各有关部门的互相配合。因此,无论是公安、保密等有关部门,还是军队的有关部门,都应当从全局出发,按照法律和相关规定作出的分工要求,在各司其职、做好各自职责领域内工作的同时,互通情况、互相支持、密切配合,才能真正筑牢维护国家安全的共同防线。

"独木难成林,百川聚江海",除了充分发挥专门机关和其他有关机关的反间谍职能,其他中央和地方各级国家权力机关、行政机关、审判机关、检察机关、监察机关以及军事机关等国家机关,中国人民解放军、武装警察部队和民兵等武装力量,各政党和人民团体、企业事业组织和其他社会组织,也都有防范、制止间谍行为,维护国家安全的法定义务。这是《中华人民共和国反间谍法》对《中华人民共和国宪法》第五十四条之内涵的具体化。

反间谍提醒

《中华人民共和国宪法》第五十四条规定,中华人民共和国公民有维护祖国的安全、荣誉和利益的义务,不得有危害祖国的安全、荣誉和利益的行为。《中华人民共和国反间谍法》将其进一步延伸为由公民缔结和构成的各种"组织"的义务。《中华人民共和国反间谍法》第七条第二款关于"防范、制止间谍行为，维护国家安全的义务"的规定，可以从宪法规范的两个维度加以理解：一方面，一切机关、武装力量、政党、团体和其他组织，都要严格遵守《中华人民共和国反间谍法》的规定，依法履行职责，在国家安全机关和其他有关机关依法提出要求时积极配合、不推诿拒绝，此为守法的"消极义务"；另一方面，这些组织应当协助国家安全机关和其他有关机关做好防范、制止间谍行为的工作，在国家安全机关和其他有关机关因开展反间谍工作需要帮助时给予必要支持，并通过各种宣传教育形式教导本组织成员遵法履责，此为护法的"积极义务"。

📖 **新旧法变化**

2023年《中华人民共和国反间谍法》	2014年《中华人民共和国反间谍法》
第六条　国家安全机关是反间谍工作的主管机关。 公安、保密等有关部门和军队有关部门按照职责分工，密切配合，加强协调，依法做好有关工作。	第三条　国家安全机关是反间谍工作的主管机关。 公安、保密行政管理等其他有关部门和军队有关部门按照职责分工，密切配合，加强协调，依法做好有关工作。

3 国家安全机关工作人员可以查验身份证明和随带物品，向有关个人和组织问询有关情况吗？

答：根据《中华人民共和国反间谍法》第二十四条的规定，

国家安全机关工作人员依法执行反间谍工作任务时，依照规定出示工作证件，可以查验中国公民或者境外人员的身份证明，向有关个人和组织问询有关情况，对身份不明、有间谍行为嫌疑的人员，可以查看其随带物品。

普法小贴士

间谍与反间谍对抗的背后，是不同国家之间的较量，具有很强的专业性，可能存在激烈的对抗性和较高的危险性，工作难度大、周期长、不确定性强。因此，国家安全机关作为反间谍工作的主管机关，必须具备有效防范、制止、惩治间谍行为的能力。

现实生活中，间谍及间谍组织为了便于进行情报搜集，往往会以各种合法身份和机构为掩护和"包装"，隐藏自己的真实身份。同时，相对于以往策反专业人员，现在的境外间谍组织更有向普通人"渗透"的倾向。因此，查验身份证明、问询有关情况，是国家安全机关做好反间谍工作的实际需要。其中，"身份证明"包括但不限于我国居民身份证、军官证、士官证和港澳居民来往内地通行证、护照、有效签证等可以证明个人身份的证件。"问询"是向可能了解情况的有关个人和组织进行的一种调查访问。

规范的程序是反间谍工作顺利开展的前提和保障。2023年修订后的《中华人民共和国反间谍法》对国家安全机关工作人员行使此项职权提出更高标准。根据2014年《中华人民共和国反间谍法》的规定，国家安全机关的工作人员依法执行任务时，需要依照规定出示"相应证件"，这里的"相应证件"，包括但不限于工作证、侦察证、单位介绍信或经领导批准的各种证明文件等。2023年修订后的《中华人民共和国反间谍法》，将相关工作人员所应出示的证件明确为"工作证件",包括人民警察证、侦察证等,体现了立法机关对国家安全工作法治化、规范化的更高要求,也是约束相关工作人员不得超越职权、滥用职权的进一步举措。

反间谍提醒

查验身份证明、问询有关情况、对可疑人员查看其随带物品,是刺破间谍面纱、侦破危害国家安全犯罪的基本方法和重要手段。任何公民和组织都应当依法支持并提供必要协助。在实践中,一些人因法治意识不足,对此类查验、问询存有抵触心理,甚至拒绝提供和配合;一些人在面对此类查验、问询时有意隐瞒、掩饰或提供虚假信息;还有一些人设置障碍,妨碍这些工作的开展,这都与法律规定的公民义务背道而驰。各级人民政府和有关部门应当遵照《中华人民共和国反间谍法》关于组织开展反间谍安全防范宣传教育的规定,引导公民知法、守法。

《中华人民共和国反间谍法》不仅规定了我国公民和组织负有反间谍安全防范的责任和义务,还规定了在我国领域内活动的其他主体应当履行的义务和承担的责任。例如,《中华人民共和国反间谍法》第二十五条、第二十六条等对在国家安全机关行使规定的职权时应当给予配合的"个人和组织"作了明确规定。其中,个人包括中国公民和在中国境内的外国人、无国籍人等;组织既包括国内的机构、组织,也包括外国和境外地区在我国领域内设立的机构、组织。国家安全关系一国发展,关乎人民福祉,任何个人和组织都不能置身事外。

新旧法变化

2023年《中华人民共和国反间谍法》	2014年《中华人民共和国反间谍法》
第二十四条　国家安全机关工作人员依法执行**反间谍工作任务**时，依照规定出示**工作证件**，可以查验中国公民或者境外人员的身份证明，向有关个人和组织*询问*有关情况，**对身份不明、有间谍行为嫌疑的人员，可以查看其随带物品。**	第九条　国家安全机关的工作人员依法执行任务时，依照规定出示*相应证件*，有权查验中国公民或者境外人员的身份证明，向有关组织和人员*调查、询问有关情况。*

4. 国家安全机关工作人员可以查验有关个人和组织的电子设备、设施及有关程序、工具吗？什么情形下可予以查封、扣押？

答：根据《中华人民共和国反间谍法》第二十五条的规定，国家安全机关工作人员依法执行反间谍工作任务时，经设区的市级以上国家安全机关负责人批准，出示工作证件，可以查验有关个人和组织的电子设备、设施及有关程序、工具。查验中发现存在危害国家安全情形的，国家安全机关应当责令其采取措施立即整改。拒绝整改或者整改后仍存在危害国家安全隐患的，可以予以查封、扣押。查封、扣押的电子设备、设施及有关程序、工具，在危害国家安全的情形消除后，国家安全机关应当及时解除查封、扣押。

普法小贴士

随着科学的进步、互联网的快速普及，电子通信技术快速发展，新的电子传输手段不断涌现，并已被广泛地运用在社会生活中。间谍行为具有隐蔽性的特征，很多电子设备、设施及有关程序、工具都具备摄、录和存储功能，易于操作，便于携带，且在日常生活中并不鲜见，对间谍行为可以起到掩盖作用，因此，利用各种先进的电子设备、设施、程序、工具进行联络、窃取秘密、传递情报、制造破坏已成为当代间谍行为的重要表现形式。国家安全机关有必要对相关组织和个人的可疑电子设备、设施及有关程序、工具进行管理。这种管理活动主要是通过国家安全机关对有关组织和个人的电子设备、设施及有关程序、工具的查验来进行的。

经过查验，当发现存在危害国家安全的情形时，国家安全机关有责令整改乃至查封扣押的权力，这项职权最初是由1994年国务院制定的《中华人民共和国国家安全法实施细则》加以规定，后通过《中华人民共和国反间谍法》上升为法律规定。这是考虑到在实际生活当中，一些个人和组织由于不了解间谍行为的工作形式，对自己占有、使用的电子设备、设施及有关程序、工具存在的安全隐患并不知情，督促其采取措施立即整改，从而消除隐患，防范间谍行为的侵入，既是国家安全机关的必要工作措施，也是其责任所在。还有一些个人和组织，出于主观的过失或者故意，对国家安全机关行使其法定职权不能很好配合甚至不予配合，在这种情况下，国家安全机关可以将有关电子设备、设施及有关程序、工具进行查封、扣押，其目的是消除隐患，防范间谍行为的发生。

反间谍提醒

在当今信息化、数字化、智能化的时代，各种电子设备、设施及有关程序、工具的功能和用途得到了前所未有的开发，但相关的安全风险也不断凸显，它们中的许多看似无害，但一旦被不当利用，就有可能威胁到国家安全。

2021年3月，国家安全机关工作人员发现，国家某重要军事基地周边建有一可疑气象观测设备，具备采集精确位置信息和多类型气象数据的功能，所采集数据直接传送至境外。国家安全机关调查掌握，有关气象观测设备由李某网上购买并私自架设，类似设备已向全国多地售出100余套，部分被架设在我国重要区域周边，有关设备所采集数据被传送到境外某气象观测组织的网站。该境外气象观测组织实际上由某国政府部门以科研之名发起成立，而该部门的一项重要任务就是搜集分析全球气象数据信息，为其军方提供服务。国家安全机关会同有关部门联合开展执法，责令有关人员立即拆除设备，消除了风险隐患。[1]

当然，电子设备、设施及有关程序、工具在今天已经广泛存在于普通民众的日常生活当中，对其进行查验可能会涉及个人和组织的合法权益，如《中华人民共和国宪法》第四十条就规定，公民的通信自由和通信秘密受法律的保护，相关检查必须是出于国家安全或者追查刑事犯罪的需要，并由公安机关或者检察机关依照法律规定的程序进行。为贯彻宪法精神，《中华人民共和国反间谍法》明确规定，国家安全机关工作人员行使查验职权，需以

---

[1] 参见刘奕湛、刘硕：《国家安全部——公布三起危害重要数据安全案例》，载人民网2021年11月1日，http://society.people.com.cn/n1/2021/1101/c1008-32269662.html。

"依法执行反间谍工作任务"为前提,并以"经设区的市级以上国家安全机关负责人批准"和"出示工作证件"为前置程序要件;同时,如果出现了查封、扣押的情形,国家安全机关也应当在危害国家安全的情形消除后及时解除,以避免影响个人的正常通信或组织的正常运转。

新旧法变化

2023年《中华人民共和国反间谍法》	2014年《中华人民共和国反间谍法》
第二十五条 国家安全机关工作人员**依法执行**反间谍工作**任务时,经设区的市级以上国家安全机关负责人批准,出示工作证件**,可以查验有关个人**和**组织的电子设备、设施**及有关程序、工具**。查验中发现存在危害国家安全情形的,国家安全机关应当责令其**采取措施立即整改**。拒绝整改或者整改后仍**存在危害国家安全隐患**的,可以予以查封、扣押。 对依照前款规定查封、扣押的**电子**设备、设施**及有关程序、工具**,在危害国家安全的情形消除后,国家安全机关应当及时解除查封、扣押。	第十三条 国家安全机关因反间谍工作需要,可以依照规定查验有关组织和个人的电子通信工具、器材等设备、设施。查验中发现存在危害国家安全情形的,国家安全机关应当责令其整改;拒绝整改或者整改后仍不符合要求的,可以予以查封、扣押。 对依照前款规定查封、扣押的设备、设施,在危害国家安全的情形消除后,国家安全机关应当及时解除查封、扣押。

5 国家安全机关工作人员可以对涉嫌用于间谍行为的场所、设施或者财物采取查封、扣押、冻结措施吗？

答：根据《中华人民共和国反间谍法》第三十条、第三十一条的规定，国家安全机关调查间谍行为，经设区的市级以上国家安全机关负责人批准，可以对涉嫌用于间谍行为的场所、设施或者财物依法查封、扣押、冻结；不得查封、扣押、冻结与被调查的间谍行为无关的场所、设施或者财物。

国家安全机关工作人员在反间谍工作中采取查阅、调取、传唤、检查、查询、查封、扣押、冻结等措施，应当由2人以上进行，依照有关规定出示工作证件及相关法律文书，并由相关人员在有关笔录等书面材料上签名、盖章。

国家安全机关工作人员进行检查、查封、扣押等重要取证工作，应当对全过程进行录音录像，留存备查。

普法小贴士

为了防范、制止和惩治间谍行为，国家安全机关不但需要依法对实施间谍行为的人员采取措施，还需要对与间谍行为有关的场所、设施或财物进行处置，这种处置主要表现为查封、扣押、冻结。采取这些措施是为了提取和保全能够证明行为人实施间谍行为的证据，以准确地认定案情，追究相关人员的法律责任；也是为了防止这些场所、设施或财物被转移、隐匿后，继续用于间谍行为。

查封、扣押、冻结等措施，对个人或组织的财产权益影响较大，行使起来尤需慎重。《中华人民共和国宪法》第十三条第一款规定，公民的合法的私有财产不受侵犯。第三十九条规定，公民的住宅不受侵犯。禁止非法搜查或者非法侵入公民的住宅。这些规定都体现了《中华人民共和国宪法》对公民权利的广泛保护，也对权力内容、边界和运用权力的程序提出了要求。2014 年《中华人民共和国反间谍法》就规定了国家安全机关行使查封、扣押、冻结措施时须"经设区的市级以上国家安全机关负责人批准"，亦即下级机关未经批准不得擅自实施，以示慎重。同时，此项规定还与《中华人民共和国刑事诉讼法》第一百四十一条、《中华人民共和国行政强制法》第二十三条的有关规定相衔接，要求对与被调查的间谍行为无关的场所、设施或者财物不得采取此项职权，防止权力滥用。

2023 年《中华人民共和国反间谍法》，专门增加规定，进一步明确了采取此项措施和其他相关职权的程序性要求，这些要求包括：（1）2 人以上进行，有利于互相配合、互相监督；（2）出示工作证件，以证明公职身份真实有效；（3）出示相关法律文书，以证明采取的措施已取得合法授权；（4）形成书面材料并签名、盖章，是通过取得相关人员的核对与认可，保证证据的客观和真实；（5）全程录音录像，这既体现了反间谍工作的规范化，也是对工作人员的保护。总之，要通过严格的程序设计和细致的监督举措，进一步规范权力行使。

反间谍提醒

《中华人民共和国反间谍法》对于查封、扣押、冻结的规定，体现了我国反间谍工作的法治化进程。1994 年 5 月，国务院第十九次常务会议通过《中华人民共和国国家安全法实施细则》，规定国家安全机关针对危害国家安全行为有实施查封、扣押、冻结等强制措施的权力。2012年1月,《中华人民共和国行政强制法》正式施行,该法第十条规定,包括查封、扣押、冻结在内的行政强制措施由法律设定;《中华人民共和国国家安全法实施细则》属于行政法规,效力位阶低于法律,因此国家安全机关停止实施了上述措施。2014年11月,1993年《中华人民共和国国家安全法》修订并改名为《中华人民共和国反间谍法》,为了确保反间谍工作顺利开展,重新规定了国家安全机关可对特定情况下的特定物品实施查封、扣押、冻结等强制措施,从而确保了国家安全机关履行职责有法可依。

凭借法律为行政权力的行使立规矩、明界限,是实现规范执法这一法治政府建设基本要求的前提。有法可依,还要有法必依,才能真正将规范执法落到实处。规范执法,就是执法行为完全符合法律明文规定的范围,严格遵照实体法规范与程序法规范开展执法活动。2023年《中华人民共和国反间谍法》第三十一条、第三十二条规定,既是对国家安全机关工作人员调查间谍行为的授权,也是对其权力的法定约束;既有对权力的内容和边界的约束,也有对权力运行的程序的约束。相关工作人员必须依法履职,在法律赋予的职权边界内活动。

新旧法变化

2023年《中华人民共和国反间谍法》	2014年《中华人民共和国反间谍法》
第二十九条 国家安全机关调查间谍行为,经设区的市级以上国家安全机关负责人批准,**可以查询涉嫌间谍行为人员的相关财产信息。** 第三十条 国家安全机关调查	第十五条 国家安全机关对用于间谍行为的工具和其他财物,以及用于资助间谍行为的资金、场所、物资,经设区的市级以上国家安全机关负责人批准,可以依法查

续表

2023 年《中华人民共和国反间谍法》	2014 年《中华人民共和国反间谍法》
间谍行为，经设区的市级以上国家安全机关负责人批准，可以对涉嫌用于间谍行为的场所、设施或者财物依法查封、扣押、冻结；不得查封、扣押、冻结与被调查的间谍行为无关的场所、设施或者财物。 第三十一条　国家安全机关工作人员在反间谍工作中采取查阅、调取、传唤、检查、查询、查封、扣押、冻结等措施，应当由二人以上进行，依照有关规定出示工作证件及相关法律文书，并由相关人员在有关笔录等书面材料上签名、盖章。 国家安全机关工作人员进行检查、查封、扣押等重要取证工作，应当对全过程进行录音录像，留存备查。	封、扣押、冻结。

6　国家安全机关应当如何处置依法收缴的罚款以及没收的财物？

答：根据《中华人民共和国反间谍法》第六十五条规定，国家安全机关依法收缴的罚款以及没收的财物，一律上缴国库。

反间谍提醒

对依法收缴的罚款以及没收的财物如何处理,关系到公民、组织的财产权利,也是公民所关注的问题,因此在法律中对处理方式作出规定是必要的。在实践中,有些公民认为国家安全机关没收的财物应视情况上缴国库,这种观点是错误的。《中华人民共和国反间谍法》明确规定处理方式为一律上缴国库,这样规定一方面能保证国家安全机关及其工作人员严格依法办事,防止出现违法甚至腐败问题;另一方面也有利于保护当事人合法权益。

关联法规

《中华人民共和国反间谍法》第五十四条 个人实施间谍行为,尚不构成犯罪的,由国家安全机关予以警告或者处十五日以下行政拘留,单处或者并处五万元以下罚款,违法所得在五万元以上的,单处或者并处违法所得一倍以上五倍以下罚款,并可以由有关部门依法予以处分。

明知他人实施间谍行为,为其提供信息、资金、物资、劳务、技术、场所等支持、协助,或者窝藏、包庇,尚不构成犯罪的,依照前款的规定处罚。

单位有前两款行为的,由国家安全机关予以警告,单处或者并处五十万元以下罚款,违法所得在五十万元以上的,单处或者并处违法所得一倍以上五倍以下罚款,并对直接负责的主管人员和其他直接责任人员,依照第一款的规定处罚。

国家安全机关根据相关单位、人员违法情节和后果,可以建议有关主管部门依法责令停止从事相关业务、提供相关服务或者责令停产停业、吊销有关证照、撤销登记。有关主管部门应当将作出行政处理的情况及时反馈国家安全机关。

《中华人民共和国反间谍法》第六十条　违反本法规定，有下列行为之一，构成犯罪的，依法追究刑事责任；尚不构成犯罪的，由国家安全机关予以警告或者处十日以下行政拘留，可以并处三万元以下罚款：

（一）泄露有关反间谍工作的国家秘密；

（二）明知他人有间谍犯罪行为，在国家安全机关向其调查有关情况、收集有关证据时，拒绝提供；

（三）故意阻碍国家安全机关依法执行任务；

（四）隐藏、转移、变卖、损毁国家安全机关依法查封、扣押、冻结的财物；

（五）明知是间谍行为的涉案财物而窝藏、转移、收购、代为销售或者以其他方法掩饰、隐瞒；

（六）对依法支持、协助国家安全机关工作的个人和组织进行打击报复。

《中华人民共和国反间谍法》第六十二条　国家安全机关对依照本法查封、扣押、冻结的财物，应当妥善保管，并按照下列情形分别处理：

（一）涉嫌犯罪的，依照《中华人民共和国刑事诉讼法》等有关法律的规定处理；

（二）尚不构成犯罪，有违法事实的，对依法应当没收的予以没收，依法应当销毁的予以销毁；

（三）没有违法事实的，或者与案件无关的，应当解除查封、扣押、冻结，并及时返还相关财物；造成损失的，应当依法予以赔偿。

《中华人民共和国反间谍法》第六十三条　涉案财物符合下列

情形之一的，应当依法予以追缴、没收，或者采取措施消除隐患：

（一）违法所得的财物及其孳息、收益，供实施间谍行为所用的本人财物；

（二）非法获取、持有的属于国家秘密的文件、数据、资料、物品；

（三）非法生产、销售、持有、使用的专用间谍器材。

《中华人民共和国反间谍法》第六十四条　行为人及其近亲属或者其他相关人员，因行为人实施间谍行为从间谍组织及其代理人获取的所有利益，由国家安全机关依法采取追缴、没收等措施。

新旧法变化

2023 年《中华人民共和国反间谍法》	2014 年《中华人民共和国反间谍法》
第六十五条　国家安全机关**依法收缴的罚款以及没收的财物**，一律上缴国库。 **注**：加入了"依法"的限制，国家安全机关及其工作人员违法收缴的罚款和没收的财物不在上缴国库的范畴，对国家安全机关及其工作人员的行为作出了进一步规范。 明确规定"依法收缴的罚款"应上缴国库，可有效防止截留、私分或变相私分现象，形成对公民财产更有力的保护。	第三十六条第二款　国家安全机关没收的财物，一律上缴国库。

7. 为反间谍工作需要，国家安全机关可以就反间谍技术防范措施的落实采取哪些措施？

答： 根据《中华人民共和国反间谍法》第二十二条的规定，根据反间谍工作需要，国家安全机关可以会同有关部门制定反间谍技术防范标准，并指导有关单位落实反间谍技术防范措施，对存在隐患的单位，经过严格的批准手续，可以进行反间谍技术防范检查和检测。

普法小贴士

当前，反间谍工作面临着复杂的形势，通过网络等新兴渠道实施窃密等间谍行为，给国家安全带来了新的风险和挑战，这要求有关部门必须不断提高反间谍技术水平，避免因技术漏洞而导致泄密。同时，只有制定科学、统一、规范的标准，才能真正提升实践中防范间谍行为的水平，也避免各单位因执行标准不一而导致的泄密等问题。为此，2023年《中华人民共和国反间谍法》赋予国家安全机关制定反间谍技术防范标准、进行反间谍技术防范检查和检测的职权。

"反间谍技术防范标准"主要指具体规定防范间谍行为的技术标准，如网络安全设置、工作流程要求等。为确保这些标准在内容上的科学和在实践中的落实，国家安全机关应会同保密、电信、邮政等行业主管部门，制定相应的反间谍技术防范标准。

反间谍技术防范标准的制定，只是回答了标准的有无问题，更重要的还在于各有关单位能够真正贯彻和执行标准的要求，将标准落到实处。标准的生命力在于实施，如果有了标准但不实施，或者落实不力，制定再多标准也无济于事。国家安全机关是反间谍工作的主管机关，理应承担起指导、检查、检测的职责。具体来说，一方面，国家安全机关应就反间谍技术防范措施在有关单位的落实给予指导，如提升网络安全等级等各种技术防范措施。另一方面，在实践中，有些单位因防范意识不足、警惕性不强，不重视技术防范工作，导致窃密等行为发生，给间谍行为留下可乘之机，给党和国家事业造成损害，国家安全机关应对此类存在隐患的部门进行反间谍技术防范检查和检测。当然，此类检查和检测应遵照国家有关规定履行审批程序，不得擅自实施。

反间谍提醒

近年来，国家安全机关工作中已发现多个国家和地区的间谍情报机关对我国实施的网络攻击窃密活动，攻击目标涉及计算机、电子邮箱、移动智能终端、重要信息系统、关键信息基础设施等。其中，一些单位由于落实反间谍技术防范措施不到位，导致存在的安全隐患被境外间谍情报机关利用，对我国网络安全和国家安全造成危害。

新旧法变化

2023年《中华人民共和国反间谍法》	2014年《中华人民共和国反间谍法》
第二十二条　国家安全机关根据反间谍工作需要，可以会同有关部门制定反间谍技术防范标准，指导有关单位落实反间谍技术防范措施，对存在隐患的单位，经过严格的批准手续，可以进行反间谍技术防范检查和检测。	第十六条　国家安全机关根据反间谍工作需要，可以会同有关部门制定反间谍技术防范标准，指导有关部门落实反间谍技术防范措施，对存在隐患的部门，经过严格的批准手续，可以进行反间谍技术防范检查和检测。

典型事例

一起规模庞大的网络窃密事件①

具有涉密邮件管理系统建设资质的某公司,由于公司人员有限,所以经常会出现一个员工对接多个客户,或者一个客户面对不同员工的情况,于是,该公司把众多客户的地理位置、网管人员身份等敏感信息储存在公司的内网服务器中,以便员工随时查询使用。同时,该公司为节约成本,落实网络安全防范措施很不到位,相关设备系统陈旧,安全漏洞多,安全保密制度执行不严格,公司员工违规在内外网之间搭建通道,长期存在严重网络安全隐患。

国家安全机关发现,从 2014 年起,该公司的核心应用服务器先后被 3 家境外间谍情报机关实施多次网络攻击,窃取了大量敏感数据资料。该案发生后,该公司被责令停业整改,并被行业主管部门处以罚款,同时,国家安全机关要求该公司对此次事件涉及的用户单位逐一进行安全加固,消除危害影响。

8 国家安全机关发现涉及间谍行为的网络信息内容或者网络攻击等风险,应该如何处理?

答:根据《中华人民共和国反间谍法》第三十六条的规定,国家安全机关发现涉及间谍行为的网络信息内容或者网络攻击等

---

① 参见《焦点访谈 | 身处这个看不见的战场,他们是怎样掉进别人的圈套?》,载央视新闻 2018 年 11 月 22 日,http://m.news.cctv.com/2018/11/22/ARTIdm8aMEZF5AXglbdMbOmL181122.shtml。

风险，应当依照《中华人民共和国网络安全法》规定的职责分工，及时通报有关部门，由其依法处置或者责令电信业务经营者、互联网服务提供者及时采取修复漏洞、加固网络防护、停止传输、消除程序和内容、暂停相关服务、下架相关应用、关闭相关网站等措施，保存相关记录。情况紧急，不立即采取措施将对国家安全造成严重危害的，由国家安全机关责令有关单位修复漏洞、停止相关传输、暂停相关服务，并通报有关部门。

经采取相关措施，上述信息内容或者风险已经消除的，国家安全机关和有关部门应当及时作出恢复相关传输和服务的决定。

普法小贴士

随着互联网的不断普及，当今社会生产和生活的许多方面都可以通过网络来开展，许多数据资料都可以在网上汇集，网络空间因此成为间谍渗透的一个新渠道，网络入侵也成为间谍行为的一种新方式，甚至比传统间谍活动更加猖獗、更加隐蔽。2023年《中华人民共和国反间谍法》修订的过程中，有意见提出，对网络窃密、攻击、破坏等新型间谍行为的防范、制止和惩治已经刻不容缓。这要求法律一方面应完善关于间谍行为的定义，更加完整准确地界定网络间谍；另一方面也应就如何防范和制止网络间谍行为，避免或降低其带来的损害给予引领和规范，从而为更好地打击网络间谍行为，夯实法治基础。

《中华人民共和国反间谍法》针对涉及间谍行为的网络攻击、程序漏洞或者信息内容，规定了国家安全机关主要应承担两项职责：（1）及时通报电信主管部门和网信部门，由其依法处置并按照职责分工责令有关单位进行整改；（2）紧急情况下，直接责令有关单位立即进行整改并协助国家安全机关进行调查。这体现了《中华人民共和国反间谍法》与《中华人民共和国网络安全法》之间的衔接。

作为构建我国网络安全法律体系的一部里程碑式的法律，2017年起施行的《中华人民共和国网络安全法》第八条规定，国家网信部门负责统筹协调网络安全工作和相关监督管理工作。国务院电信主管部门、公安部门和其他有关机关依照该法和有关法律、行政法规的规定，在各自职责范围内负责网络安全保护和监督管理工作。这一规定明确了网信部门与其他相关网络监管部门的职责分工，将现行有效的网络安全监管体制予以法治化。在中央网络安全和信息化委员会的领导下，中央网信办（国家互联网信息办公室）统筹协调组织国家网络安全事件应对工作，下设国家网络安全应急办公室，负责网络安全应急跨部门、跨地区协调工作。

反间谍提醒

近年来，国家安全机关依法对通过网络进行危害国家安全的违法犯罪行为进行查处打击，破获了一批相关案件。

2020年以来，国家安全机关发现，我国有关电信运营商、航空公司等单位内网和信息系统先后多次出现越权登录、数据外传等异常网络行为，疑似遭受网络攻击。国家安全机关依法开展技术检查，确认部分骨干网络节点设备、核心业务系统服务器等被植入特种木马程序，已有部分数据被发送至境外。通过进一步深入调查证实，相关攻击活动是由某境外间谍情报机关精心策划、秘密实施的。该境外间谍情报机关调集强力网络攻击力量，使用全球多地网络资源和先进网络武器，妄图实现对我国关键信息基础设施战略控制的目的。针对上述案情,国家安全机关指导相关单位,立即采取有效措施,清除特种木马程序,堵塞技术漏洞,调整安全策略,加固网络防护,及时制止了危害蔓延。同时,对该境外间谍情报机关后续对我国实施的网络攻击行为,进行全天候跟踪监测和定向打击,及时发布预警信息,有效阻断通信链路,清除危害源头,成功粉碎其对我国"停服断网"图谋。

2020年1月,某航空公司向国家安全机关报告,该公司信息系统出现异常,怀疑遭到网络攻击。国家安全机关立即进行技术检查,确认相关信息系统遭到网络武器攻击,多台重要服务器和网络设备被植入特种木马程序,部分乘客出行记录等数据被窃取。通过进一步排查发现,另有多家航空公司信息系统遭到同一类型的网络攻击和数据窃取。经深入调查,确认相关攻击活动由某境外间谍情报机关精心策划、秘密实施,攻击中利用了多个技术漏洞,并利用多个国家和地区的网络设备进行跳转,以隐匿踪迹。针对这一情况,国家安全机关及时协助有关航空公司全面清除被植入的特种木马程序,调整技术安全防范策略、强化防范措施,制止了危害的进一步扩大。这些案件的发生充分表明,将开展网络反间谍工作需要采取的措施上升为法律规定,很有必要。[1]

9 国家安全机关及其工作人员在工作中有哪些注意事项?

答: 根据《中华人民共和国反间谍法》第十一条、第六十九

---

[1] 参见《国家安全部公布三起危害重要数据安全案例》,载新华网2021年10月31日,http://www.news.cn/2021-10/31/c_1128014674.htm。

条的规定,国家安全机关及其工作人员在工作中,应当严格依法办事,不得超越职权、滥用职权,不得侵犯个人和组织的合法权益。国家安全机关工作人员滥用职权、玩忽职守、徇私舞弊,或者有非法拘禁、刑讯逼供、暴力取证及违反规定泄露国家秘密、工作秘密、商业秘密和个人隐私、个人信息等行为,依法予以处分,构成犯罪的,依法追究刑事责任。

国家安全机关及其工作人员依法履行反间谍工作职责获取的个人和组织的信息,只能用于反间谍工作。对属于国家秘密、工作秘密、商业秘密和个人隐私、个人信息的,应当保密。

普法小贴士

全面依法治国是国家治理的一场深刻革命,法治政府建设是全面依法治国的重点任务和主体工程。坚持全面依法治国,在法治轨道上推进国家治理体系和治理能力现代化,要求落实严格执法。习近平总书记指出,"法律需要人来执行,如果执法的人自己不守法,那法律再好也没用"。令在必信,法在必行,只有严格执法,才能提升执法公正的公信力。

《中华人民共和国反间谍法》明确规定了国家安全机关及其工作人员在开展反间谍工作时可能遇到的各种情境下的相应职权,为反间谍工作的开展提供了基本遵循与权力清单。这些法律规范既是授权和保障,也是规范与约束。同时,《中华人民共和国宪法》、《中华人民共和国刑法》、《中华人民共和国刑事诉讼法》和其他相关法律,也都是反间谍工作法治化的重要依据。国家安全机关以及其他有关部门在开展反间谍工作、行使相关法定职权时,要维护法律权威,严格依法办事。具体来说,要做到:第一,坚持有法必依、执法必严、违法必究,但对不属于违法犯罪的行为,不能行使侦查、拘留、预审和执行逮捕等权力;第二,在行使侦查、拘留、预审和执行逮捕时,必须严格依照《中华人民共和国刑事诉讼法》的程序办事,不得非法拘禁、刑讯逼供、暴力取证;第三,权力的行使须于法有据,不得超越职权、滥用职权,不得行使法律没有规定的权力,即"法无授权不可为,法定职责必须为",同时,在行使法律规定的权力时要严格依照其规定的程序和限制性规定开展;第四,依法办事作为一种义务,也要求国家安全机关工作人员应严格履职,不得玩忽职守、徇私舞弊。

依法开展反间谍工作,还应当处理好保障反间谍主管部门依法行使职权和保护个人、组织合法权益之间的关系,这其中比较常见的是如何处置信息的问题。在反间谍工作中,国家安全机关及其工作人员不可避免地会获取到个人和组织的一些有关信息,这些信息可能关系国家安全和利益,也可能关系个人生活中不愿公开或不愿为他人知悉的事项,对这些信息的处置,应限定在工作职责范围内,不得用于其他用途。《中华人民共和国民法典》《中华人民共和国刑法》等基本法律和《中华人民共和国保守国家秘密法》《中华人民共和国个人信息保护法》等相关法律中都规定,泄露国家秘密、工作秘密、商业秘密和个人隐私、个人信息,应承担法律责任,国家安全机关及其工作人员在执行反间谍工作任务时应注意严格遵守。

反间谍提醒

反间谍工作关乎国之根本,相关职权的行使尤需慎重,越权、滥权、懈怠、徇私,都属于不正当使用职权的情形。

所谓"超越职权",是指行使了法律没有赋予的职权,干预了其无权决定、处理的事项;所谓"滥用职权",是指虽然行使了法律规定的职权,但是超出了法律规定的范围和程序;所谓"玩忽职守",是指严重不负责任,不履行或不认真、不正确履行职责;所谓"徇私舞弊",是指利用手中的公权力违反或者规避法律法规或相关制度,谋取或维护私利。

国家安全机关工作人员应当注意,以上几种对权力的不当使用,不但会侵犯到个人和组织的合法权益,伤害到国家安全机关的公信力,还可能给反间谍工作的正常进行带来负面影响,最终导致国家利益受损。国家安全机关工作人员在开展反间谍工作中,一方面要敢于用法,善于用法,严格执法;另一方面也要依法执法,规范执法,注重保障公民和组织的合法权利,将依法行使职权与维护公民和组织合法权益贯穿工作的始终。

新旧法变化

2023年《中华人民共和国反间谍法》	2014年《中华人民共和国反间谍法》
第十一条 国家安全机关及其工作人员在工作中,应当严格依法办事,不得超越职权、滥用职权,不得侵犯个人和组织的合法权益。 国家安全机关及其工作人员依法履行反间谍工作职责获取的个人和组织的信息,只能用于反间谍工作。对属于国家秘密、工作秘密、商业秘密和个人隐私、个人信息的,应当保密。	第十七条 国家安全机关及其工作人员在工作中,应当严格依法办事,不得超越职权、滥用职权,不得侵犯组织和个人的合法权益。 国家安全机关及其工作人员依法履行反间谍工作职责获取的组织和个人的信息、材料,只能用于反间谍工作。对属于国家秘密、商业秘密和个人隐私的,应当保密。 第三十七条 国家安全机关工

续表

2023 年《中华人民共和国反间谍法》	2014 年《中华人民共和国反间谍法》
第六十九条 国家安全机关工作人员滥用职权、玩忽职守、徇私舞弊，或者有非法拘禁、刑讯逼供、暴力取证、违反规定泄露国家秘密、**工作秘密**、商业秘密和个人隐私、**个人信息**等行为，**依法予以处分**，构成犯罪的，依法追究刑事责任。	作人员滥用职权、玩忽职守、徇私舞弊，构成犯罪的，或者有非法拘禁、刑讯逼供、暴力取证、违反规定泄露国家秘密、商业秘密和个人隐私等行为，构成犯罪的，依法追究刑事责任。

10 国家安全机关如何对开展反间谍工作的人员进行监督？

答：根据《中华人民共和国反间谍法》第五十一条的规定，国家安全机关应当严格执行内部监督和安全审查制度，对其工作人员遵守法律和纪律等情况进行监督，并依法采取必要措施，定期或者不定期进行安全审查。

根据《中华人民共和国反间谍法》第五十二条的规定，任何个人和组织对国家安全机关及其工作人员超越职权、滥用职权和其他违法行为，都有权向上级国家安全机关或者监察机关、人民检察院等有关部门检举、控告。受理检举、控告的国家安全机关或者监察机关、人民检察院等有关部门应当及时查清事实，依法处理，并将处理结果及时告知检举人、控告人。对支持、协助国家安全机关工作或者依法检举、控告的个人和组织，任何个人和组织不得压制和打击报复。

普法小贴士

党的十八大以来,在全面推进依法治国的号角声中,法治政府建设换挡提速,依法行政工作驶入"快车道"。党的二十大报告指出,要扎实推进依法行政,法治政府建设是全面依法治国的重点任务和主体工程。要强化行政执法监督机制和能力建设,严格落实行政执法责任制和责任追究制度。国家安全机关作为反间谍工作的主管机关,其工作人员行使着与公民、组织的权益密切相关的权力。为使这些权力能够在既定范围内和预定轨道上运行,国家安全机关内部,无论是上级国家安全机关对下级国家安全机关,还是上级业务部门对下级业务部门,抑或本级国家安全机关对所属业务部门、派出机构及其工作人员的各项执法活动,都应当严格执行内部监督和安全审查制度,以确保其工作人员按照法定权限和程序履行职责,遵照有关纪律的要求恪尽职守。内部监督和安全审查作为国家安全机关自我纠错、自我完善的监督方式,为保障国家安全机关正确行使职权发挥着重要作用。

在我国,一切权力属于人民。人民通过选举代表组成各级人民代表大会作为国家权力机关,再由国家权力机关产生行政、审判、检察、监察等机关,分别行使管理国家、维护社会秩序的各项权力。在这些国家机关及其工作人员代表人民行使权力的过程中,人民可以通过各种途径和形式对他们实行监督,以保证各级国家机关及其工作人员全心全意为人民服务,防止其职权变成不受约束的特权。《中华人民共和国宪法》第四十一条规定,公民"对于任何国家机关和国家工作人员的违法失职行为,有向有关国家机关提出申诉、控告或者检举的权利,但是不得捏造或者歪曲事实进行诬告陷害","对于公民的申诉、控告或者检举,有关国家机关必须查清事实,负责处理。任何人不得压制和打击报复"。《中华人民共和国反间谍法》落实《中华人民共和国宪法》有关规定,在第五十二条也规定了个人和组织享有控告、检举权。控告、检举权,是指个人和组织对国家安全机关及其工作人员的违法失职行为,有权向有关国家机关提出控告或予以揭发,请求有关国家机关对违法失职者给予惩罚或制裁。

反间谍提醒

人民依法行使检举、控告等监督权利,是直接民主的重要表现形式。对于《中华人民共和国宪法》规定的公民和组织的这类监督权利,我国多部法律都给予了落实和保护。例如,《中华人民共和国刑法》第二百五十四条规定:"国家机关工作人员滥用职权、假公济私,对控告人、申诉人、批评人、举报人实行报复陷害的,处二年以下有期徒刑或者拘役;情节严重的,处二年以上七年以下有期徒刑。"《中华人民共和国国家安全法》第八十二条规定:"公民和组织对国家安全工作有向国家机关提出批评建议的权利,对国家机关及其工作人员在国家安全工作中的违法失职行为有提出申诉、控告和检举的权利。"《中华人民共和国反间谍法》的有关规定,也同样是这一精神在具体领域立法中的体现。具体来说,"控告"更多的是依法为保护自己的合法权益而提出主张、寻求救济;"检举"则是针对国家机关及其工作人员的违法失职行为而行使的一种主动监督。

监督权作为公民的基本权利,对国家机关及其工作人员的行为产生直接约束力。公民在行使相关权利时,应注意遵循《中华人民共和国宪法》所设定的界限，即不得捏造或者歪曲事实进行诬告陷害，否则须承担相应的责任。

📖 新旧法变化

2023 年《中华人民共和国反间谍法》	2014 年《中华人民共和国反间谍法》
第五十一条　国家安全机关应当严格执行内部监督和安全审查制度，对其工作人员遵守法律和纪律等情况进行监督，并依法采取必要措施，定期或者不定期进行安全审查。 第五十二条　任何个人和组织对国家安全机关及其工作人员超越职权、滥用职权和其他违法行为，都有权向上级国家安全机关或者**监察机关、人民检察院等**有关部门检举、控告。受理检举、控告的国家安全机关或者**监察机关、人民检察院等**有关部门应当及时查清事实，**依法处理**，并将处理结果及时告知检举人、控告人。 对**支持**、协助国家安全机关工作或者依法检举、控告的个人和组织，任何个人和组织不得压制和打击报复。	第二十六条　任何个人和组织对国家安全机关及其工作人员超越职权、滥用职权和其他违法行为，都有权向上级国家安全机关或者有关部门检举、控告。受理检举、控告的国家安全机关或者有关部门应当及时查清事实，负责处理，并将处理结果及时告知检举人、控告人。 对协助国家安全机关工作或者依法检举、控告的个人和组织，任何个人和组织不得压制和打击报复。

11. 国家安全机关在作出行政处罚决定之前,需要遵守什么程序?

答:根据《中华人民共和国反间谍法》第六十七条的规定,国家安全机关执行反间谍工作任务,作出行政处罚决定之前,应当告知当事人拟作出的行政处罚内容及事实、理由、依据,以及当事人依法享有的陈述、申辩、要求听证等权利,并依照《中华人民共和国行政处罚法》的有关规定实施。

普法小贴士

国家安全机关在进行反间谍工作中,必须依法进行。这要求国家安全机关进行反间谍工作、执行反间谍任务必须严格依法履行职责,符合法律赋予的职权要求。《中华人民共和国反间谍法》对国家安全机关在反间谍工作中的职权作了具体规定,第五章法律责任中对国家安全机关工作人员滥用职权、玩忽职守等构成犯罪的情形规定要依法追究刑事责任。

国家安全机关及其工作人员应当依法办事,这要求国家安全机关进行反间谍工作时必须严格按照相关法律规定的程序进行,这集中体现了正当程序原则的要求。依法行政既包括依照实体法的规定行使行政行为,也包括依照程序法的规定行使行政行为。实体正义和程序正义都是依法行政原则追求的价值目标。程序正义是实体正义的途径。实体正义是程序正义的目标。行政主体在行政过程中须遵循正当程序原则,程序公正是正当程序原则的重要内涵。

程序公正的目的在于规范行为。具体而言,行政执法程序一般包含如下阶段：（1）说明理由。行政主体在作出行政决定时，特别是作出对当事人不利的决定时，负有说明理由的责任，包括说明作出行政决定的法律原因和事实原因。（2）听取利害相关人的意见。当行政主体作出对当事人可能产生不利影响的行政行为时，必须事先听取当事人的意见，即使在个案中也需要广泛听取利害关系人的意见。（3）行政主体在个案中就特定利害关系作出行政行为时，应当在最终作出决定前，给予当事人陈述与申辩的机会，在充分考虑当事人意见的基础上依法作出决定。在法律有特别规定的情形下，行政主体作出对利害关系人影响重大的行政决定时，应当依法听证，保障利害关系人的正当程序权。[1]

《中华人民共和国行政处罚法》第四十五条明确指出，当事人有权进行陈述和申辩。行政机关必须充分听取当事人的意见，对当事人提出的事实、理由和证据，应当进行复核；当事人提出的事实、理由或者证据成立的，行政机关应当采纳。

反间谍提醒

国家安全机关作出行政处罚、行政强制、行政许可等行政行为时都需要遵守程序正当原则。当事人对行政行为不服的，应当先申请行政复议，再以向人民法院提起行政诉讼的方式申请救济。对反间谍行政执法行为提出异议的，应当遵守复议前置的规定。《中华人民共和国反间谍法》第六十八条规定，当事人对行政处罚决定、行政强制措施决定、行政许可决定不服的，可以自收到决定书之日起60日内，依法申请复议；对复议决定不服的，可以自收

---

[1] 参见《行政法与行政诉讼法学》编写组编：《行政法与行政诉讼法学》（第2版），高等教育出版社2018年版，第35页。

到复议决定书之日起 15 日内，依法向人民法院提起诉讼。

需要注意的是，当事人申请复议的期限为 60 日，复议的机关需为作出执法决定的国家安全机关的上一级机关，不能超越级别申请复议。上一级国家安全机关经复议后，根据不同的认定情况，分别作出维持行政处罚决定、行政强制措施决定、行政许可决定，撤销、变更行政处罚决定、行政强制措施决定、行政许可决定，或在撤销的同时责令下级国家安全机关重新作出行政处罚决定、行政强制措施决定、行政许可决定。

当事人对复议决定不服的，可以在接到复议决定书之日起 15 日内，向人民法院提起诉讼，如果复议机关在法定的复议期限内不作出决定的，当事人可以在复议期限届满之日起 15 日内向人民法院提起诉讼。①

新旧法变化

2023 年《中华人民共和国反间谍法》	2014 年《中华人民共和国反间谍法》
第六十八条 当事人对行政处罚决定、行政强制措施决定、**行政许可决定**不服的，可以自收到决定书之日起六十日内，**依法**申请复议；对复议决定不服的，可以自收到复议决定书之日起十五日内，**依法**向人民法院提起诉讼。 注：2023 年《中华人民共和国反间谍法》第二章新增了对涉及	第三十五条 当事人对行政处罚决定、行政强制措施决定不服的，可以自接到决定书之日起六十日内，向作出决定的上一级机关申请复议；对复议决定不服的，可以自接到复议决定书之日起十五日内向人民法院提起诉讼。

---

① 参见全国人大常委会法制工作委员会刑法室：《〈中华人民共和国反间谍法〉释义及实用指南》，中国民主法制出版社 2015 年版，第 96－99 页。

续表

2023 年《中华人民共和国反间谍法》	2014 年《中华人民共和国反间谍法》
国家安全事项的建设项目的行政许可制度,因此在救济程序中,也相应地增加了对"行政许可决定不服的"条款,有利于对个人和组织合法权益的保护,也有利于规范国家安全机关履行职责,依法开展反间谍工作。	

12 国家安全机关能够查阅调取相关资料吗?

答:国家安全机关可以依法查阅调取相关资料。根据《中华人民共和国反间谍法》第二十六条的规定,国家安全机关工作人员依法执行反间谍工作任务时,根据国家有关规定,经设区的市级以上国家安全机关负责人批准,可以查阅、调取有关的文件、数据、资料、物品,有关个人和组织应当予以配合。查阅、调取不得超出执行反间谍工作任务所需的范围和限度。

普法小贴士

《中华人民共和国反间谍法》第二十六条是关于国家安全机关的工作人员执行反间谍工作任务中依法查阅调取有关文件、数据、资料、物品的规定。该条为国家安全机关工作人员行使职权限定了"经设区的市级以上国家安全机关负责人批准"的条件。

2023 年修改《中华人民共和国反间谍法》时将"档案、资料、物品"改为"文件、数据、资料、物品",将"查阅或者调取"改为"查阅、调取"。如此修改进一步明确了在推进反间谍的工作中，查阅、调取有关的文件、数据、资料、物品，应当按照执法程序的要求，依照有关规定出示工作证件和相关法律文书；国家安全机关在依法执行反间谍工作任务时，对有关的文件、数据、资料、物品，既可以查阅，也可以调取，根据反间谍工作的需要也可以查阅并调取，便于国家安全机关依法开展工作。①

要处理好开展反间谍工作与保护个人、组织合法权益之间的关系，加强对国家安全机关反间谍工作的监督。为此，2023 年修改《中华人民共和国反间谍法》时将第四章章名确定为"保障与监督"，并且在法条中明确规定，查阅调取不能超出执行反间谍工作任务所需的范围和限度。

这是行政行为合理性原则在《中华人民共和国反间谍法》中的体现。合理性原则即行政行为的手段和目的之间必须要适当。合理性原则囊括了比例原则与平等对待的内容。其中，比例原则又分为必要性原则、适当性原则以及衡量性原则。必要性原则是指行政行为不能超越实现目的之必要限度，要尽可能采取对人民利益影响最轻微的手段。适当性原则是指行政机关实施行政行为要适合于行政行为目的的实现，不得与行政目的相背离。衡量性原则是指行政机关应当对手段的选择加以衡量，选择对相对人权益损害最小的方式。②

合理性原则在反间谍行政执法程序中表现为：其一，反间谍行政执法应当有利于实现反间谍工作目的，尤其是查阅、调取的

---

① 参见全国人大常委会法制工作委员会刑法室：《〈中华人民共和国反间谍法〉释义及实用指南》，中国民主法制出版社 2015 年版，第 38－39 页。

② 参见《行政法与行政诉讼法学》编写组编：《行政法与行政诉讼法学》（第 2 版），高等教育出版社 2018 年版，第 32 页。

行政行为可能对相对人产生不利影响时，只有认定查阅、调取的手段对于反间谍目标的实现为必不可缺，才能实施；如果国家安全机关进一步实施查阅、调取行为无法达成或增进反间谍工作目的之实现，则不能实施此行为，也就是"不得超出执行反间谍工作任务所需的范围和限度"。其二，在反间谍行政执法程序中，国家安全机关实施的行政行为与反间谍工作的目的和查阅、调取的手段必须对称和相适应。国家安全机关查阅、调取的行为不得超过执行反间谍工作任务的范围，不得采取过度措施，尽可能使行政行为造成行政相对人的损失减少到最低限度。

反间谍提醒

国家安全机关在反间谍执法中查阅调取权力的实现依赖于个人和组织的配合，这种配合是法律规定的义务。有配合义务的主体若拒绝配合执法，严重者需要承担相应的法律后果。《中华人民共和国反间谍法》第五十九条对此规定，"违反本法规定，拒不配合数据调取的，由国家安全机关依照《中华人民共和国数据安全法》的有关规定予以处罚"。《中华人民共和国数据安全法》第四十八条中明确指出"违反本法第三十五条规定，拒不配合数据调取的，由有关主管部门责令改正，给予警告，并处五万元以上五十万元以下罚款，对直接负责的主管人员和其他直接责任人员处一万元以上十万元以下罚款"。国家安全机关可以依照本条对不予配合的有关主体进行处罚。

新旧法变化

2023年《中华人民共和国反间谍法》	2014年《中华人民共和国反间谍法》
第二十六条 国家安全机关工作人员依法执行**反间谍工作任务时**，根据国家有关规定，**经设区的市级以上国家安全机关负责人批准，可以查**阅、调取有关的**文件**、**数据**、资料、**物品**，有关个人和组织应当予以配合。查阅、调取不得超出执行反间谍工作任务所需的范围和限度。 注：本条将国家安全机关的查阅调取权单独列明，并且删除了查阅或者调取档案的内容，明确了对文件、数据进行查阅、调取的权力。同时为了平衡反间谍工作与保护个人和组织的合法权益之间的利益关系，特别增加了"不得超出执行反间谍工作任务所需的范围和限度"的内容。	第十条 国家安全机关的工作人员依法执行任务时，依照规定出示相应证件，可以进入有关场所、单位；根据国家有关规定，经过批准，出示相应证件，可以进入限制进入的有关地区、场所、单位，查阅或者调取有关的档案、资料、物品。

13 国家安全机关能否对涉嫌违法人员进行传唤？传唤程序是什么？

答：国家安全机关能够对涉嫌违反《中华人民共和国反间谍法》的人员进行传唤。需要传唤违反《中华人民共和国反间谍法》的人员接受调查的，须经国家安全机关办案部门负责人批准，使用传唤证传唤。应当在被传唤人所在市、县内的指定地点或其住所进行询问，对被传唤人应当及时询问查证，询问查证的时间不得超过 8 小时，最多不得超过 24 小时。严禁连续传唤。传唤后，除无法通知或者可能妨碍调查的情形以外，国家安全机关应当及时将被传唤的原因通知被传唤人的家属。在上述情形消失后，应当立即通知被传唤人家属。

普法小贴士

《中华人民共和国反间谍法》第二十七条关于传唤的规定共有三个方面。

1. 对传唤、口头传唤、强制传唤的适用作了原则规定

反间谍工作中的传唤，是国家安全机关在执行任务过程中，通知违反《中华人民共和国反间谍法》的行为人到指定地点接受调查的一种调查手段。传唤的目的是询问违反《中华人民共和国反间谍法》的行为人，查明案情，取得证据。根据《中华人民共和国反间谍法》第二十七条的规定，传唤只适用于违反《中华人民共和国反间谍法》的人员，对证人及其他需要协助办案的人员不得适用传唤。传唤应当由二人以上进行，依照有关规定出示工作证件和相关法律文书。传唤分为传唤证传唤、口头传唤、强制传唤。

传唤须使用传唤证。经国家安全机关办案部门负责人批准，由国家安全机关工作人员将传唤证送达被传唤人。根据《中华人民共和国反间谍法》第二十七条的规定，并不是所有违反该法的行为人都要传唤，只有对需要传唤的违反该法的人才适用传唤。所谓"需要"，是指国家安全机关根据案件情况和调查工作需要来决定是否有必要启动传唤程序。

传唤也可以口头为之，需要遵守口头传唤的程序。口头传唤，是指国家安全机关工作人员对现场发现违反《中华人民共和国反间谍法》的人员，口头责令行为人到指定地点接受调查的行为。实施口头传唤，国家安全机关工作人员应当向被传唤人出示工作证件，表明身份，并向被传唤人口头说明其被传唤的原因、法律依据、接受调查的地点等。

口头传唤与传唤证传唤只是方式不同，但具有同等的法律效力，被传唤人不得拒绝。对于口头传唤措施，《中华人民共和国反间谍法》并未要求国家安全机关补办传唤证，但应当在询问笔录中注明。

强制传唤，是指国家安全机关工作人员对无正当理由不接受传唤或者逃避传唤的行为人，采取强制方法将其带到传唤地点进行调查的行为。被传唤人有下列情形之一的，即可采取强制措施予以传唤：一是无正当理由拒不接受传唤。即违反《中华人民共和国反间谍法》的行为人没有特殊原因，在被传唤后未能在指定时间到达指定地点接受调查。二是逃避传唤。即违反《中华人民共和国反间谍法》的行为人采用躲避、逃跑等方法有意拒绝接受调查。

2. 对被传唤人接受调查的地点作了规定

接受调查地点包括两类：一类是被传唤人所在市、县的指定地点，另一类是被传唤人的住所。实践中由国家安全机关工作人员根据办案需要和方便被传唤人的原则决定，既要适应办案的实际需要，提高执行任务的工作效率，也要有利于保护违法的行为人的合法权益。

3. 对询问查证被传唤人的要求和时限作出规定，同时规定传唤后须及时通知被传唤人家属

询问查证被传唤人应当遵守的要求包括：及时询问查证、严

格遵守法定询问查证时限、及时通知被传唤人家属。

首先，什么是及时询问查证？何为"及时"，《中华人民共和国反间谍法》未作明确规定。从提高办案效率，保护公民合法权益的角度看，"及时"应当理解为：在被传唤人到案后，应尽可能在较短时间内开展询问查证，绝不能将行为人传唤到案后，置之不理。

其次，法定询问查证时限的具体规定是什么？按照《中华人民共和国反间谍法》第二十七条规定，一般而言，询问查证的时间不得超过 8 小时，情况复杂，可能适用行政拘留或者涉嫌犯罪的，询问查证的时间不得超过 24 小时。如果被传唤人具有《中华人民共和国反间谍法》第二十七条规定的"情况复杂，可能适用行政拘留或者涉嫌犯罪的"，询问查证的时间可以超过 8 小时，但不得超过 24 小时。也就是说，延长询问查证时间必须同时具备"情况复杂"和"可能适用行政拘留或者涉嫌犯罪"两个条件，情况是否复杂由工作人员根据案件的具体情况判断。依照《中华人民共和国反间谍法》可能适用行政拘留或涉嫌犯罪，是指具有这种可能性，并不是指案件的实际处理结果。此处的 24 小时，仍然强调指的是一次传唤后总的询问查证时间不能超过 24 小时，而非延长询问查证的时间不能超过 24 小时。

最后，关于及时通知被传唤人家属的规定。为了避免被传唤人家属因不知传唤人行踪而担心，到处寻找甚至报警的情况发生，《中华人民共和国反间谍法》第二十七条明确规定，传唤后，除无法通知或者可能妨碍调查的情形以外，应当及时将传唤的原因通知被传唤人的家属，在上述情形消失后，应当立即通知被传唤人家属。这是国家安全机关工作人员的法定职责。

反间谍提醒

2023 年修改《中华人民共和国反间谍法》时新增了关于传唤的程序规定，国家安全机关依法行使传唤权，有利于更好地查清案件事实。被传唤人有义务在传唤证限定的时间内，自行到指定地点接受国家安全机关的调查。

同时，为了保障被传唤人的知情权和法定权益，国家安全机关应当告知被传唤人传唤的原因和依据，如果能在较短时间内完成询问查证，国家安全机关要尽量避免等到 24 小时结束。

关联法规

《中华人民共和国反间谍法》第二十七条　需要传唤违反本法的人员接受调查的，经国家安全机关办案部门负责人批准，使用传唤证传唤。对现场发现的违反本法的人员，国家安全机关工作人员依照规定出示工作证件，可以口头传唤，但应当在询问笔录中注明。传唤的原因和依据应当告知被传唤人。对无正当理由拒不接受传唤或者逃避传唤的人，可以强制传唤。

国家安全机关应当在被传唤人所在市、县内的指定地点或者其住所进行询问。

国家安全机关对被传唤人应当及时询问查证。询问查证的时间不得超过八小时；情况复杂，可能适用行政拘留或者涉嫌犯罪的，询问查证的时间不得超过二十四小时。国家安全机关应当为被传唤人提供必要的饮食和休息时间。严禁连续传唤。

除无法通知或者可能妨碍调查的情形以外，国家安全机关应当及时将传唤的原因通知被传唤人家属。在上述情形消失后，应当立即通知被传唤人家属。

14 国家安全机关对人身、物品、场所检查的范围和要求是什么？

答：根据《中华人民共和国反间谍法》第二十八条的规定，国家安全机关可以依法对涉嫌间谍行为的人身、物品、场所进行检查，但需要经设区的市级以上国家安全机关负责人批准。检查女性身体的，应当由女性工作人员进行。

普法小贴士

检查，是指国家安全机关为了查明案情，依法对与间谍行为有关的人身、物品、场所进行实体查看、寻找、检验，以发现和收集有关证据的一种调查活动。对与间谍行为有关的人身、物品、场所进行检查，是国家安全机关调查间谍行为、收集证据的一种基本手段。《中华人民共和国反间谍法》对间谍案件中的检查权及其程序作了明确规定。

《中华人民共和国反间谍法》第二十八条共分两款。第一款是关于国家安全机关调查间谍行为时对涉嫌间谍行为的人身、物品、场所进行检查的规定；第二款是关于对女性进行身体检查的特别规定。

根据《中华人民共和国反间谍法》第二十八条的规定，国家安全机关在办理反间谍案件中行使检查权时，必须严格按照以下要求进行：

（1）检查权的适用对象，即与涉嫌间谍行为有关的人身、物品、场所。对与间谍行为无关的人身、物品、场所，则不得检查。与涉嫌间谍行为有关的人身，是指涉嫌间谍行为的行为人的身体。通常人身检查的目的有两个方面：一是检查行为人的身上是否藏有涉嫌行为的物品等,二是确定行为人的某些身体特征、伤害状况、生理状态等。与涉嫌间谍行为有关的物品,是指用于间谍行为的工具、违反《中华人民共和国反间谍法》的赃物、现场遗留物等,包括涉嫌间谍行为的行为人随身携带的物品。与涉嫌间谍行为有关的场所,是指涉嫌间谍行为的现场、现场周边以及其他可能留有或者隐藏间谍行为证据的地方,如涉嫌间谍行为的行为人的住所或者其他可能隐藏涉嫌间谍行为的行为人或者证据的场所。

(2)检查的一般程序和相关法律手续。依照检查的一般程序,国家安全机关工作人员对涉嫌间谍行为的人身、物品、场所进行检查时,应当经设区的市级以上国家安全机关负责人批准。

(3)检查女性的身体,应当由女性工作人员进行。人格权和人格尊严是公民的基本权利,检查人身特别是女性的人身时,不得采用有辱人格的检查方式。被检查人为女性的,必须由女性工作人员进行。这里的女性工作人员也包括国家安全机关委托的女性医务工作者。

反间谍提醒

检查带有强制性,国家安全机关工作人员对与涉嫌间谍行为有关的人身、物品、场所进行检查,带有法律上的强制性,当事人负有积极配合的义务,不得拒绝和阻挠。阻碍国家机关工作人员依法执行任务可能违反《中华人民共和国反间谍法》第六十条的规定,依法可以予以处罚,构成犯罪的依法追究刑事责任。

2014年《中华人民共和国反间谍法》第九条规定,国家安全机关的工作人员依法执行任务时,依照规定出示相应证件。2023年修订《中华人民共和国反间谍法》时对国家安全机关行使检查权的程序作了明确规定，为了更加全面地调查间谍行为，将"人身、物品、场所"都包括进了国家安全机关可以行使检查权的范围中。

15 什么情况下，国家安全机关能够依法限制有关人员出境？

答：根据《中华人民共和国反间谍法》第三十三条的规定，对出境后可能对国家安全造成危害，或者对国家利益造成重大损失的中国公民，国务院国家安全主管部门可以决定其在一定期限内不准出境，并通知移民管理机构。对涉嫌间谍行为人员，省级以上国家安全机关可以通知移民管理机构不准其出境。

普法小贴士

国家安全机关有权实施限制出境的行政强制措施。《中华人民共和国反间谍法》第三十三条赋予国家安全机关对相对人限制出境的权力，主要目的在于防止因间谍行为嫌疑人员逃匿境外而导致反间谍工作无法继续开展，保障反间谍工作的顺利进行。

出入境管理机构行使职责的过程中，也会用到限制出境的手段。《中华人民共和国出境入境管理法》第十二条及第二十八条明确了出境入境管理机构在特定情形下可以不准中国公民、外国人出境。第六十五条规定："对依法决定不准出境或者不准入境的人员，决定机关应当按照规定及时通知出入境边防检查机关；不准出境、入境情形消失的，决定机关应当及时撤销不准出境、入境决定，并通知出入境边防检查机关。"

🎯 反间谍提醒

依据反间谍工作实际需要,国家安全机关可以依法采取限期禁止出境的措施,防止行为人因出境对国家安全造成危害或对国家利益造成重大损失;对间谍行为嫌疑人员,国家安全机关可以依法采取禁止出境措施。

1. 在一定期限内禁止出境

关于在一定期限内禁止出境的规定,需要注意以下三个方面:

(1) 适用对象。采取限期禁止出境措施的适用对象,既包括可能因出境对国家安全造成危害的中国公民,也包括可能因出境对国家利益造成重大损失的中国公民。《中华人民共和国反间谍法》第三十三条第一款只适用于中国公民,对于不具有中国国籍的人,不得依据该条款采取限期禁止出境的措施。

(2) 执行机关。国家安全部作出一定期限禁止出境措施的决定后,通知移民管理机构,由移民管理机构予以配合。

(3) 及时撤销禁止出境措施。对不需要采取禁止出境措施的公民,国家安全机关应当及时撤销禁止措施,并通知移民管理机构。

2. 禁止出境

对涉嫌间谍行为的人员,国家安全机关可以通知移民管理机构不准其出境,需要注意以下两个方面:

(1) 适用对象。采取禁止出境措施的对象是涉嫌间谍行为的人员,是否涉嫌间谍行为由国家安全机关工作人员根据案件具体情况判断。涉嫌间谍行为的人员,是指具有这种可能性,并不是指行为人员已经被最终认定实施了间谍行为。《中华人民共和国反间谍法》第三十三条第二款没有了"中国公民"的限制条件,也就是说，即使是不具有中国国籍的人，即外国人和无国籍人，在中国生活工作期间，涉嫌间谍行为，危害我国国家安全的，也可以适用禁止出境措施。

（2）执行机关。采取禁止出境措施，必须由省级以上国家安全机关决定，并通知移民管理机构予以配合，防止禁止出境的随意适用，保护相对人的合法权利。

新旧法变化

2023年《中华人民共和国反间谍法》	2014年《中华人民共和国反间谍法》
第三十三条　对出境后可能对国家安全造成危害，或者对国家利益造成重大损失的中国公民，国务院国家安全主管部门可以决定其在一定期限内不准出境，并通知移民管理机构。 对涉嫌间谍行为人员，省级以上国家安全机关可以通知移民管理机构不准其出境。	注：2017年《中华人民共和国反间谍法实施细则》第二十四条规定，对涉嫌间谍行为的人员，国家安全机关可以决定其在一定期限内不得出境。

16 调查处理后发现间谍行为涉嫌犯罪的，应如何处理？

答：国家安全机关经调查，发现间谍行为涉嫌犯罪的，国家安全机关应当立案侦查。涉嫌犯罪，需要对有关事项是否属于国家秘密或者情报进行鉴定以及对危害后果进行评估的，由保密部门进行鉴定和组织评估。

普法小贴士

《中华人民共和国反间谍法》第三十八条对涉嫌犯罪后有关事项的鉴定和危害后果的评估作出了规定。《中华人民共和国保守国家秘密法》对国家保密行政管理部门的职责有明确规定。根据《中华人民共和国保守国家秘密法》，国家保密行政管理部门负有制定保密规章和国家保密标准的职责。其中第四十六条指出，办理涉嫌泄露国家秘密案件的机关，需要对有关事项是否属于国家秘密以及属于何种密级进行鉴定的，由国家保密行政管理部门或者省、自治区、直辖市保密行政管理部门鉴定。这里的"办理涉嫌泄露国家秘密案件的机关"包括国家安全机关。根据工作需要及有关事项的具体情况，鉴定或评估由不同级别的保密部门进行。

《中华人民共和国反间谍法》第三十九条是关于行刑衔接的相关规定。涉嫌犯罪的，应当由国家安全机关根据《中华人民共和国刑事诉讼法》的规定立案侦查。2021年9月，最高人民检察院印发《关于推进行政执法与刑事司法衔接工作的规定》，明确了行政执法与刑事司法衔接的基本原则、启动情形等具体内容。国家安全机关发现间谍行为涉嫌犯罪的，可以直接立案侦查。

反间谍提醒

《中华人民共和国反间谍法》对保密部门鉴定评估的规定与《中华人民共和国保守国家秘密法》保持了一致。对于有关事项进行合法鉴定和评估，能够帮助国家安全机关更好地明晰行为人的行为是否违反《中华人民共和国反间谍法》以及违法犯罪到了何种程度，从而依法予以处罚。国家安全机关经调查后发现涉嫌犯罪行为的，为做好与《中华人民共和国刑事诉讼法》的衔接，增强法律的可操作性,《中华人民共和国反间谍法》特别增加了行刑衔接的规定。

关联法规

《中华人民共和国反间谍法》第三十八条　对违反本法规定,涉嫌犯罪,需要对有关事项是否属于国家秘密或者情报进行鉴定以及需要对危害后果进行评估的,由国家保密部门或者省、自治区、直辖市保密部门按照程序在一定期限内进行鉴定和组织评估。

《中华人民共和国反间谍法》第三十九条　国家安全机关经调查,发现间谍行为涉嫌犯罪的,应当依照《中华人民共和国刑事诉讼法》的规定立案侦查。

17 国家安全机关的工作人员在执行任务过程中是否享有道路优先通行权?

答: 根据《中华人民共和国反间谍法》第四十二条的规定,国家安全机关工作人员因执行紧急任务需要,经出示工作证件,享有优先乘坐公共交通工具、优先通行等通行便利。

普法小贴士

《中华人民共和国反间谍法》第四十二条是关于国家安全机关工作人员依法执行紧急任务时优先乘坐公共交通工具、优先通行的规定。"执行紧急任务需要"是行使优先权的前提条件。这里所说的"紧急任务"是指时间特别紧急,按照正常的方式、途径、程序可能贻误反间谍工作的情况,如紧急赶赴现场,传递紧急重要情报,追捕、追踪、押送嫌疑人等,是否紧急应根据任务的具体情况进行判定。"优先乘坐公共交通工具"包括优先购票或者不购票,出示证件即可优先乘坐的情况,其中公共交通工具主要是指从事旅客运输的公共汽车、出租车、地铁、火车、船只、飞机等各种公共交通工具。优先乘坐并非免费乘坐,事后仍应按照有关规定予以补票或者予以相应的补偿。

优先通行权,是指国家安全机关工作人员经出示相应的证件,有关人员应允许其优先通过。此处的优先通行权既包括在交通阻碍时优先通行,也包括在交通情况稳定时优先通行。这种优先通行在相关法律中也有规定,如《中华人民共和国道路交通安全法》第五十三条规定,警车等特种车辆在执行紧急任务时,在确保安全的前提下,不受行驶路线、行驶方向、行驶速度和信号灯的限制,其他车辆和行人应当让行。[①]

反间谍提醒

在应急状态下,为应对突发事件,行政机关可以实施行政应急行为。设定行政应急行为,构建应急法制,有利于预防、减少和化解社会安全风险,保障公民的基本权利与合法利益。行政应急原则,是指行政主体为保障重大公共利益和行政相对人根本利益、维护经济与社会秩序、保障社会稳定协调发展,在面临突发事件导致公共管理危机等危急情形时,特别是进入紧急状态下,可实施行政应急措施的原则。在有明确的紧急状态、紧急事件发生时,才能启动行政应急行为。[②] 在执行反间谍的紧急任务时,遵循行政

---

① 参见全国人大常委会法制工作委员会刑法室:《〈中华人民共和国反间谍法〉释义及实用指南》,中国民主法制出版社 2015 年版,第 40 - 42 页。

② 参见《行政法与行政诉讼法学》编写组编:《行政法与行政诉讼法学》(第 2 版),高等教育出版社 2018 年版,第 223 页。

应急原则的一般法理,是维护国家安全利益的体现。

应当注意,国家安全机关在行使道路优先权时,必须严格依照《中华人民共和国反间谍法》第四十二条规定的条件行使,出示工作证件,避免权力的滥用。国家安全机关工作人员在执行紧急任务时,道路优先权的实现有赖于相关人员的配合,这种配合是法律规定的义务。同时,国家安全机关行使道路优先权时也要特别注意保护相关个人和组织的合法权利,避免影响个人和组织正常的工作、生活。国家安全机关行使道路优先权时遵守相关规定,既有利于确保紧急任务的实施,保障反间谍工作任务的正常推进,也有利于争取个人和组织对国家安全机关工作给予帮助和支持。

新旧法变化

2023 年《中华人民共和国反间谍法》	2014 年《中华人民共和国反间谍法》
第四十二条 国家安全机关工作人员因执行紧急任务需要,经出示工作证件,享有优先乘坐公共交通工具、优先通行**等通行便利**。	第十一条第一款 国家安全机关的工作人员在依法执行紧急任务的情况下,经出示相应证件,可以优先乘坐公共交通工具,遇交通阻碍时,优先通行。

18 国家安全机关的工作人员是否可以因工作需要征用公民私人财产?

答: 根据《中华人民共和国反间谍法》第四十四条的规定,国家安全机关因反间谍工作需要,根据国家有关规定,可以优先使用或者依法征用国家机关、人民团体、企业事业组织和其他社会组织以及个人的交通工具、通信工具、场地和建筑物等,必要时可以设置相关工作场所和设施设备，任务完成后应当及时归还或者恢复原状，并依照规定支付相应费用；造成损失的，应当给予补偿。

普法小贴士

《中华人民共和国反间谍法》第四十四条规定了反间谍工作涉及的行政优先权与行政征用制度。《中华人民共和国反间谍法》将国家安全机关在反间谍工作中的执法优先权扩大到了交通工具、通信工具、场地、建筑物等。在配合国家安全机关实现优先权的义务主体方面，2023年修改《中华人民共和国反间谍法》时将其他社会组织也纳入其中，扩大了配合国家安全机关实现义务主体的范围。

国家安全机关因反间谍工作的需要，有权依法优先使用或征用国家机关、人民团体、企业事业组织和其他社会组织以及个人的交通工具、通信工具、场地和建筑物等。

征用是基于国家安全利益的考虑，为了反间谍工作需要。征用对象为交通工具、通信工具、场地和建筑物等。2023年修法时在2014年《中华人民共和国反间谍法》规定的"交通工具、通信工具、场地和建筑物"范围之外加上了"等"字。据此理解，"等"字的含义为"等外等"，即除了"交通工具、通信工具、场地和建筑物"之外的其他财产也包含其中，扩大了可征用财产的范围。配合征用的主体包括国家机关、人民团体、企业事业组织和其他社会组织以及个人。同时强调，国家安全机关有权自行裁量，根据情况设置相关工作场所和设施设备。

由于征用行为会对公民、法人、其他组织在财产和自由方面造成影响和限制,《中华人民共和国反间谍法》尤其指出"任务完成后应当及时归还或者恢复原状,并依照规定支付相应费用;造成损失的,应当给予补偿"。

反间谍提醒

只有在各主体密切配合下,才能实现国家安全的目标,保障国家安全利益。国家安全机关在反间谍执法中优先权的实现依赖于公民等私主体的配合,而这种配合是法律规定的义务。

新旧法变化

2023年《中华人民共和国反间谍法》	2014年《中华人民共和国反间谍法》
第四十四条 国家安全机关因反间谍工作需要,**根据**国家有关规定,可以优先使用或者依法征用**国家机关**、**人民团体**、企业事业组织和**其他社会组织以及个人的交通工具、通信工具、场地和建筑物等**,必要时可以设置相关工作场所和设施设备,任务完成后应当及时归还或者恢复原状,并依照规定支付相应费用;造成损失的,应当**给予补偿**。	第十一条第二款 国家安全机关因反间谍工作需要,*按照*国家有关规定,可以优先使用或者依法征用机关、团体、企业事业组织和个人的交通工具、通信工具、场地和建筑物,必要时可以设置相关工作场所和设备、设施,任务完成后应当及时归还或者恢复原状,并依照规定支付相应费用;造成损失的,应当补偿。

第六章 公民如何反间谍

1 公民和组织在反间谍工作中主要负有哪些义务?

答：根据《中华人民共和国反间谍法》第八条、第十六条和第三十二条规定可知，公民和组织在反间谍工作中应主要负有以下四项义务：第一，任何公民和组织都应当依法支持、协助反间谍工作。第二，任何公民和组织都应当保守所知悉的国家秘密和反间谍工作秘密。第三，任何公民和组织发现间谍行为，都应当及时向国家安全机关举报。第四，在国家安全机关调查了解有关间谍行为的情况、收集有关证据时，有关个人和组织应当如实提供，不得拒绝。

因此，公民和组织在反间谍工作中具体负有支持、协助、保守秘密、及时举报以及如实提供情况、证据的义务。

反间谍提醒

首先，《中华人民共和国反间谍法》中规定了公民和组织都应当依法支持、协助反间谍工作的义务。例如，根据《中华人民共和国反间谍法》第二十六条规定，国家安全机关工作人员依法执行反间谍工作任务时，根据国家有关规定，经设区的市级以上国家安全机关负责人批准，可以查阅、调取有关的文件、数据、资料、物品。第四十三条规定，国家安全机关工作人员依法执行任务时，依照规定出示工作证件，可以进入有关场所、单位；根据国家有关规定，经过批准，出示工作证件，可以进入限制进入的有关地区、场所、单位。第四十四条规定，国家安全机关因反间谍工作需要，根据国家有关规定，可以优先使用或者依法征用国家机关、人民团体、企业事业组织和其他社会组织以及个人的交通工具、通信工具、场地和建筑物等。第四十五条规定，国家安全机关因反间谍工作需要，根据国家有关规定，可以提请海关、移民管理等检查机关提供通关便利，对有关资料、器材等予以免检。有关检查机关应当依法予以协助。针对上述情况，有关公民和组织均应当予以配合。

其次，《中华人民共和国反间谍法》第三十二条规定，在国家安全机关调查了解有关间谍行为的情况、收集有关证据时，有关个人和组织应当如实提供，不得拒绝。《中华人民共和国刑事诉讼法》第五十四条也有类似规定，人民法院、人民检察院和公安机关有权向有关单位和个人收集、调取证据。有关单位和个人应当如实提供证据。了解有关间谍行为的情况以及收集相关证据是决定反间谍工作成败的重要环节，为了维护我国国家安全权益，公民和组织理应将其掌握的相关情况或证据按照实际情况正确地、真实地以及积极和毫无保留地予以提供。为此，《中华人民共和国反间谍法》第六十条规定，"违反本法规定，有下列行为之一，构成犯罪的，依法追究刑事责任；尚不构成犯罪的，由国家安全机关予以警告或者处十日以下行政拘留，可以并处三万元以下罚款"，其中便包括明知他人有间谍犯罪行为，在国家安全机关向其调查有关情况、收集有关证据时，拒绝提供的行为。

实际上，不仅《中华人民共和国反间谍法》第七条规定了国家安全机关在反间谍工作中必须依靠人民的支持，动员、组织人民防范、制止间谍行为；而且《中华人民共和国宪法》第二十七条第二款规定，一切国家机关和国家工作人员必须依靠人民的支持，经常保持同人民的密切联系，倾听人民的意见和建议，接受人民的监督，努力为人民服务。同时，《中华人民共和国国家安全法》第九条规定，维护国家安全，应当坚持预防为主、标本兼治，专门工作与群众路线相结合，充分发挥专门机关和其他有关机关维护国家安全的职能作用，广泛动员公民和组织，防范、制止和依法惩治危害国家安全的行为。依靠人民群众支持是国家机关包括国家安全机关从事相关工作的一项基本原则，这也符合《中国共产党政法工作条例》第六条中的"坚持以人民为中心，专门工作和群众路线相结合，维护人民群众合法权益"的要求。

由于许多间谍活动较为隐蔽甚至隐藏在公民生活之中，公民和组织在某些情况下可能会先于国家安全机关发觉不法行为，所以，公民在我国反间谍工作中充当着重要的助力角色。例如，随着国际局势日趋复杂多变，境外对我国沿海地区实施的间谍窃密活动屡见不鲜。国家安全机关不仅针对我国海洋领域的境外窃密敌情，切实加强技术建设，积极开展专项行动，采取先进技术手段持续开展反技术窃密工作，在南海等重点领域主动发现侦获了一批境外投放使用的特种窃密装置。同时，国家安全机关还坚持专群结合，持续向沿海渔民等群体开展国家安全宣传教育工作，定期组织国家安全知识培训，大力加强沿海区县防线组织建设，越来越多的渔民及时报告了捞获的海洋无人潜航器、技术监测窃密装置。2016年至今，江苏、浙江、海南等沿海地区捞获了一批境外装置，先后奖励渔民及有关人员 91 人。①

📖 新旧法变化

2023 年《中华人民共和国反间谍法》	2014 年《中华人民共和国反间谍法》
第八条 任何公民和组织**都应当依法支持**、协助反间谍工作，保守所知悉的国家秘密**和反间谍工作秘密**。 **注**：在公民和组织在反间谍工作中承担的具体义务方面，2023 年《中华人民共和国反间谍法》相比 2014 年《中华人民共和国反间谍法》最大的变化体现在第八条的规定上，其实际上是将 2014 年《中华人民共和国反间谍法》第二十条与第二十三条中内容相关联的规定进行了合并，使公民和组织能够更加清晰、集中地了解其在反间谍工作中应当负有的法律义务。	**第二十条第一款** 公民和组织应当为反间谍工作*提供便利或者其他协助*。 **第二十三条** 任何公民和组织都应当保守所知悉的*有关反间谍工作的国家秘密*。

📐 典型事例

部队驻地发现可疑人员窥探②

2021 年 8 月 20 日，汕尾市某地两名村干部在工作中发现，

---

① 参见《水下有"鱼" 渔民捞获不明物体 竟是境外间谍窃密装置》，载 CCTV 节目官网 2021 年 4 月 15 日，https：//tv.cctv.com/2021/04/15/VIDEgSZNInxxaDM1KVR1cOmr210415.shtml。

② 参见《【关注】两人在军事基地附近村落从事间谍活动，被村干部发现端倪!》，载微信公众号"中国普法" 2022 年 4 月 16 日，https：//mp.weixin.qq.com/s/N0xDC0ZlDp7UIdFDSnkUBg。

村委会门口有两名外来人员形迹可疑,其中一人一直在拍摄村委会公告栏。

"我们平时经常会接受国家安全知识培训,这方面意识比较高。"村干部何某说,从村里的监控中,他们看到这两名男子行为异常,拍照时神情紧张、到处张望,村干部立即想起参加镇里国家安全宣传教育活动时,提及的境外间谍机关勾联我国境内人员的手法——间谍人员会指使勾联对象前往部队活动周边拍摄部队演习公告等公开信息。

何某所在的村附近正是一处军事基地。村干部意识到,这两名男子有可能在从事间谍窃密活动,于是上前询问拍摄人员的身份,以及拍摄公告栏的用途。

两名男子称,自己受公司客户委托,前往村里拍照了解情况,但在村干部进一步追问时,却说不清楚委托人的公司和客户情况。回答过程中,两名男子一直闪烁其词,更加引起了村干部的怀疑。

于是,一名村干部与可疑人员周旋,另一名村干部迅速向镇武装部和派出所报告。派出所民警到场后,将两名可疑男子带至派出所。经审查,其中一人是国家安全机关在侦案件的犯罪嫌疑人。目前其因涉嫌为境外刺探、非法提供国家秘密罪已被逮捕。

"不管是村干部还是村民,每个人都有责任维护国家安全。如果泄露了国家机密,会带来多大的危害啊!"何某说,国家安全知识学习非常重要,他们经常对村民进行宣传,并提醒不要随意拍摄部队训练信息和画面。接下来,村里还将继续加强国家安全知识培训教育。

广东省国家安全机关也对两名村干部进行了奖励。

2 公民和组织在反间谍工作中享有哪些权利？

答：根据《中华人民共和国反间谍法》的相关规定，公民和组织在反间谍工作中主要享有以下权利：第一，《中华人民共和国反间谍法》第九条规定，国家对支持、协助反间谍工作的个人和组织给予保护。第二，《中华人民共和国反间谍法》第五十二条第一款规定，任何个人和组织对国家安全机关及其工作人员超越职权、滥用职权和其他违法行为，都有权向上级国家安全机关或者监察机关、人民检察院等有关部门检举、控告。受理检举、控告的国家安全机关或者监察机关、人民检察院等有关部门应当及时查清事实，依法处理，并将处理结果及时告知检举人、控告人。第三，《中华人民共和国反间谍法》第九条规定，对举报间谍行为或者在反间谍工作中作出重大贡献的个人和组织，按照国家有关规定给予表彰和奖励。第四，《中华人民共和国反间谍法》第四十六条第三款规定，个人和组织因支持、协助反间谍工作导致财产损失的，根据国家有关规定给予补偿。第五，《中华人民共和国反间谍法》第四十七条第一款规定，对为反间谍工作作出贡献并需要安置的人员，国家给予妥善安置。第六，《中华人民共和国反间谍法》第四十八条规定，对因开展反间谍工作或者支持、协助反间谍工作导致伤残或者牺牲、死亡的人员，根据国家有关规定给予相应的抚恤优待。

因此，公民和组织在反间谍工作中，一方面享有受到国家保护的权利；另一方面对国家安全机关及其工作人员的行为享有监督权，针对其超越职权、滥用职权和其他违法行为可进行检举、控告。同时，公民和组织还享有得知相关处理结果的知情权。除上述权利之外，公民和组织还享有受表彰奖励权、财产补偿权、被安置权以及被抚恤权这些精神、物质上的保障。

反间谍提醒

首先，由于不少从事间谍行为的人员具有高度危险性，导致许多公民和组织因心理上惧怕受到该类人员的威胁、报复而不愿支持、协助反间谍工作，国家给予保护可以有效消除其心理上的顾虑，对公民和组织起到鼓励的效果。同时，《中华人民共和国反间谍法》第九条并未限定国家给予保护的范围，因而不应将其单纯地限制为人身安全方面的保护，还应包括对财产安全以及其他安全等方面的保护。

其次，由于国家安全机关及其工作人员，因反间谍工作的特殊性而被法律赋予了一定特殊职权，因而亦不排除可能作出超越职权、滥用职权和其他违法行为，《中华人民共和国反间谍法》赋予个人和组织以检举权和控告权，即可通过揭发、申诉、告发等形式予以应对和监督，这既是对国家安全机关及其工作人员"严格依法办事"的严格要求，又是增强公众参与、坚持民主原则的体现。特别是《中华人民共和国刑法》第二百五十四条规定，国家机关工作人员滥用职权、假公济私，对控告人、申诉人、批评人、举报人实行报复陷害的，处2年以下有期徒刑或者拘役；情节严重的，处2年以上7年以下有期徒刑。《中华人民共和国反间谍法》第五十二条第二款进一步针对个人和组织明确提出要求，即对支持、协助国家安全机关工作或者依法检举、控告的个人和组织，任何个人和组织不得压制和打击报复。

新旧法变化

2023年《中华人民共和国反间谍法》	2014年《中华人民共和国反间谍法》
第九条　国家对支持、协助反间谍工作的个人和组织给予保护。 　　对**举报间谍行为或者在反间谍工作中***做出*重大贡献的**个人和组织，按照国家有关规定**给予**表彰和奖励**。 　　注：总体上是对2014年《中华人民共和国反间谍法》第七条规定的重述。主要区别是将原法中的主体"组织和个人"调整为"个人和组织"，虽是微小变动，但却体现出"把人民利益放在第一位"。	**第七条**　国家对支持、协助反间谍工作的*组织和个人*给予保护，对*有*重大贡献的给予奖励。
第五十二条　任何个人和组织对国家安全机关及其工作人员超越职权、滥用职权和其他违法行为，都有权向上级国家安全机关或者**监察机关、人民检察院等**有关部门检举、控告。受理检举、控告的国家安全机关或者**监察机关、人民检察院等**有关部门应当及时查清事实，**依法处理**，并将处理结果及时告知检举人、控告人。 　　对**支持、**协助国家安全机关工作或者依法检举、控告的个人和组织，任何个人和组织不得压制和打击报复。 　　注：该条规定总体上承袭了	**第二十六条**　任何个人和组织对国家安全机关及其工作人员超越职权、滥用职权和其他违法行为，都有权向上级国家安全机关或者有关部门检举、控告。受理检举、控告的国家安全机关或者有关部门应当及时查清事实，负责处理，并将处理结果及时告知检举人、控告人。 　　对协助国家安全机关工作或者依法检举、控告的个人和组织，任何个人和组织不得压制和打击报复。

续表

2023 年《中华人民共和国反间谍法》	2014 年《中华人民共和国反间谍法》
2014 年《中华人民共和国反间谍法》第二十六条的内容，但相比之下，2014 年《中华人民共和国反间谍法》规定可受理检举、控告的主体为"国家安全机关或者有关部门"，而 2023 年《中华人民共和国反间谍法》的具体规定为"国家安全机关或者监察机关、人民检察院等有关部门"，既体现出立法的进一步精细化，又体现出通过明确其他监督部门的范围以强化国家安全机关及其工作人员依法履职的决心。	

三、典型事例

陈某举报，化解生物安全隐患[①]

2021 年春季，正值"4·15"全民国家安全教育日活动期间，山东省某市市民陈某发现，境外非政府组织"某研究院"以开展生物物种相关调研为名，在我国招募志愿者，大肆搜集各地的生物物种分布数据信息，并要求参与者下载专用手机软件，上传采集到的数据。

由于陈某多次接受国家安全相关宣传教育，他意识到"某研究院"的行为可能并非单纯的生态环境科学研究，而是涉嫌

---

① 参见亓玉昆、侯琳良：《根据举报化解生物安全隐患，国家安全机关呼吁——共同维护国家生物安全》，载《人民日报》2021 年 11 月 1 日，第 14 版。

危害我国生物安全的危险行为。2021年4月19日，他拨通了"12339"国家安全机关举报受理电话，反映了自己发现的情况。

根据陈某提供的信息，国家安全机关对此事进行了调查。调查发现，陈某反映的情况属实。"某研究院"系一家有某国政府背景、专门搜集世界各地生物物种分布数据信息的机构。2020年，该研究院公开发布某生物物种分布信息采集项目，广泛招募志愿者对所在国家的生物多样性情况进行调查，明确要求采集各类生物物种及其所处地理坐标等信息，尤其要求重点搜集稀有生物物种的分布信息，并通过专用软件上传。

据调查，该项目覆盖地域广，涉及我国多个省区市，包括众多自然保护区等重要区域。

该境外机构打着科研项目的名义，误导、诱使很多志愿者在不知情的情况下，非法搜集我国生物物种分布信息，并刻意绕开我国相关主管部门的监管审核，通过专用软件将搜集到的大量信息实时传输到境外，对我国生物安全、生态安全造成了潜在危害。国家安全机关联合相关主管部门，及时查明该项目的背景情况，开展了相应的防范处置，有效制止了我国生物物种分布数据信息的外泄。

市民陈某的一个举报电话，帮助国家安全机关及时化解了一起国家安全隐患，其行为也得到了国家安全机关的表彰和奖励。这也是近年来广大群众积极反映危害国家安全的情况线索，助力国家安全机关依法防范、制止和惩治各类危害国家安全行为的一个缩影。

3 当公民或组织发现间谍行为时该如何做？

答：根据《中华人民共和国反间谍法》第十六条第二款规定，国家安全机关应当向社会公开受理举报的电话、信箱、网络平台等，依法及时处理举报信息，并为举报人保密。当公民或组织发现间谍行为时，第一，应当及时向国家安全机关举报。目前国家安全机关为了方便公民和组织举报间谍行为或线索，于2015年11月专门开通了举报热线"12339"。国家安全机关举报受理平台的网址是 https：//www.12339.gov.cn/。同时，公民或组织还可通过邮寄信件或者直接前往地方国家安全机关定点机构进行现场举报。

第二，除上述举报方式外，公民或组织发现间谍行为时，还可以选择向公安机关等其他国家机关、组织进行举报，这些国家机关、组织应当立即将相关信息移送国家安全机关处理。例如，即便公民或组织一不留心忘掉"12339"的举报号码，同样可以通过拨打我们在日常生活中最为熟悉的"110"加以解决。

因此，当公民和组织遇到间谍行为时，不仅可拨打"12339"或其他所熟知的国家机关电话号码进行举报，而且可以选择通过信箱、网站甚至赶赴举报现场等途径进行举报。

反间谍提醒

当公民和组织发现间谍行为时，不仅在维护国家权益方面负有举报的义务，而且所负有的是及时举报的义务。所谓"及时"，是在行动时间方面，对举报者提出了应该迅速地、毫不耽搁地举报的要求。为了便于公民和组织更好地履行上述义务，国家安全机关不仅应向社会公开电话、信箱、网站等多种受理举报的方式，而且负有依法及时处理举报信息和为举报人保密的义务。同时，立法上还进一步拓宽了可受理举报的主体范围，如公安机关等其他国家机关、组织。这些国家机关、组织在收到举报信息后，还负有立即将举报信息移送国家安全机关处理的法律义务。

除此之外，考虑到现代物流业、通信业的发达现状，在某些情况下，如邮政、快递等物流运营单位和电信业务经营者、互联网服务提供者可能会比公民和组织更先接触或发觉到间谍行为，《中华人民共和国反间谍法》第四十一条中规定，国家安全机关依法调查间谍行为，邮政、快递等物流运营单位和电信业务经营者、互联网服务提供者应当提供必要的支持和协助。

新旧法变化

2023年《中华人民共和国反间谍法》	2014年《中华人民共和国反间谍法》
第十六条　任何公民和组织发现间谍行为，应当及时向国家安全机关举报；向公安机关等其他国家机关、组织举报的，相关国家机关、组织应当立即移送国家安全机关处理。 国家安全机关应当将受理举报的电话、信箱、网络平台等向社会公开，依法及时处理举报信息，并为举报人保密。 注：该条规定基本上是对2014年《中华人民共和国反间谍法》第二十一条规定的延续，区别在于将公民和组织发现间谍行为时的应对	第二十一条　公民和组织发现间谍行为，应当及时向国家安全机关报告；向公安机关等其他国家机关、组织报告的，相关国家机关、组织应当立即移送国家安全机关处理。

续表

2023年《中华人民共和国反间谍法》	2014年《中华人民共和国反间谍法》
举措由"报告"修改为"举报","报告"一般指"向上级就调查、观察的结果提出详细的书面材料或作口头叙述",相关主体之间具有一种上下级之间的关系,因而将其适用于本条所指场合并不恰当,修改为"举报"更加体现了新法在措辞使用上的严谨性。	

三 典型事例

南海海域发现可疑电子设备①

2021年6月,广州一名企业主徐先生拨打"12339"电话举报,称他驾驶渔船与朋友在南海一座岛礁钓鱼时,在礁上捡到一个可疑的电子装置,外表有境外标识,并发现内部装有电路主板和信息发射装备。

"我去西沙群岛钓鱼,那天在岛礁上看到离岸边二三十米距离的地方,有一台十几厘米厚的方形设备摆在那儿,有点奇怪。"徐先生告诉记者,这个岛无人居住,平时也基本没有人烟,这个突然出现的方形设备印着外国标识,设计精密,不仅有防水外壳,还使用了特殊的螺丝密封,不使用专门工具的话难以

---

① 《【关注】两人在军事基地附近村落从事间谍活动,被村干部发现端倪!》,载微信公众号"中国普法"2022年4月16日,https://mp.weixin.qq.com/s/N0xDC0ZlDp7UIdFDSnkUBg。

打开。

在我国领海,出现这样一台设备,让徐先生产生警觉。想到在"4·15"全民国家安全教育日时了解到的相关知识,徐先生决定把这台方形设备带走。

没想到,徐先生的船刚开走不久,就有一艘布满天线的外国船只跟了过来,并用小艇派出两名男子前来交涉,要求徐先生将设备归还。

徐先生的船员有点担心,建议徐先生将这台设备扔掉。"他们这么急着要回去,肯定有猫腻,设备不能落回他们手里!"徐先生让船员加速开船返回,对方一直跟了十几个小时。直到接近我国海军基地,才悄悄离开。

回到广州,徐先生打开设备后发现,这台设备里有一张SIM卡和多个电池,可以向外发射信号。他肯定了自己的猜想,立即拔掉电池,拨打"12339"电话进行举报。

经广东省国家安全机关检测,该设备系某国非法在我国境内海域收集发送信号的专用设备。这起可能危害我国领土安全、海洋安全的风险隐患事件,得到及时制止。

"没想到国家安全离我们这么近!"经历了这件事后,徐先生说,自己最大的感受是要多学习国家安全知识,并向身边人多多宣传,提高大家的国家安全意识。

广东省国家安全机关对徐先生进行了奖励。

4 在反间谍工作中，公民和组织应该保守哪些秘密？

答：《中华人民共和国反间谍法》第八条规定，任何公民和组织都应当依法支持、协助反间谍工作，保守所知悉的国家秘密和反间谍工作秘密。

因此，公民和组织在反间谍工作中应当保守的秘密分为两类，一类是应当保守的所知悉的国家秘密，另一类是应当保守的所知悉的反间谍工作秘密。

反间谍提醒

首先，《中华人民共和国保守国家秘密法》第三条规定，国家秘密受法律保护。一切国家机关、武装力量、政党、社会团体、企业事业单位和公民都有保守国家秘密的义务。任何危害国家秘密安全的行为，都必须受到法律追究。《中华人民共和国反间谍法》不仅在第十一条中规定，国家安全机关及其工作人员依法履行反间谍工作职责获取的个人和组织的信息，只能用于反间谍工作。对属于国家秘密、工作秘密、商业秘密和个人隐私、个人信息的，应当保密。而且在第八条规定中，对公民和组织提出需要保守秘密的要求。

其次，公民和组织负有保守国家秘密的义务，特别是根据《中华人民共和国反间谍法》第四条所规定"间谍行为"中的第三类，即间谍组织及其代理人以外的其他境外机构、组织、个人实施或者指使、资助他人实施，或者境内机构、组织、个人与其相勾结实施的窃取、刺探、收买、非法提供国家秘密、情报以及其他关系国家安全和利益的文件、数据、资料、物品，或者策动、引诱、胁迫、收买国家工作人员叛变的活动。即如果我国境内的个人或组织与间谍组织及其代理人以外的其他境外机构、组织、个人相互勾结实施窃取、刺探、收买、非法提供国家秘密的活动,将构成间谍行为并承担严格的法律责任。

最后,如果公民和组织未能保守其所知悉的反间谍工作的国家秘密,同样需要承担法律责任,根据《中华人民共和国反间谍法》第六十条第一项的规定,泄露有关反间谍工作的国家秘密,构成犯罪的,依法追究刑事责任;尚不构成犯罪的,由国家安全机关予以警告或者处10日以下行政拘留,可以并处3万元以下罚款。

《中华人民共和国保守国家秘密法》第九条规定,下列涉及国家安全和利益的事项,泄露后可能损害国家在政治、经济、国防、外交等领域的安全和利益的,应当确定为国家秘密:(1)国家事务重大决策中的秘密事项;(2)国防建设和武装力量活动中的秘密事项;(3)外交和外事活动中的秘密事项以及对外承担保密义务的秘密事项;(4)国民经济和社会发展中的秘密事项;(5)科学技术中的秘密事项;(6)维护国家安全活动和追查刑事犯罪中的秘密事项;(7)经国家保密行政管理部门确定的其他秘密事项。政党的秘密事项中符合上述规定的,属于国家秘密。

虽然"国家秘密"和"有关反间谍工作的国家秘密"均属于国家秘密,但将二者进行区别却很有必要,即除了应当保守一般的国家秘密外,还应当保守在通过参与反间谍工作过程中获知的国家秘密。实践中,公民和组织在意识上往往更加注重对于前者的保密,对于后者有时可能并未认识到自己在参与反间谍调查、侦查等工作中所获知的相关信息亦同样属于需要严格保守的国家秘密,有时可能出于向亲属朋友进行炫耀的心理而对外泄露国家秘密。泄露与反间谍工作有关的国家秘密,不仅极有可能影响到相关工作的顺利推进，甚至可能会威胁到国家机关工作人员的人身安全。因此，2023年《中华人民共和国反间谍法》不仅在第八条将两类秘密进行明确区分，同时还有第六十条对泄露有关反间谍工作的国家秘密专门设置了法律责任。

新旧法变化

2023年《中华人民共和国反间谍法》	2014年《中华人民共和国反间谍法》
第八条　任何公民和组织都应当依法支持、协助反间谍工作，保守所知悉的国家秘密和反间谍工作秘密。 注：区别在于，新规定在之前仅需要保守"有关反间谍工作的国家秘密"的基础上增加了"国家秘密"这一对象。	第二十条第一款　公民和组织应当为反间谍工作提供便利或者其他协助。 第二十三条　任何公民和组织都应当保守所知悉的有关反间谍工作的国家秘密。

典型事例

黄某某故意泄露国家安全机关工作秘密[①]

2021年3月，因工作需要，国家安全机关多次前往某市一餐厅开展工作，依法要求该餐厅副经理黄某某配合调查，同时告知其保守秘密的义务。不久后，国家安全机关在工作中发现，该餐厅配合调查的情况疑似被其他人员知悉掌握，这给后续工作的开展带来了严重不利的影响。国家安全机关随即对这一情况进行了深入调查。通过进一步调查取证，证实了黄某某涉嫌泄露

[①] 参见新华社：《国家安全机关公布多起典型案例》，载中华人民共和国中央人民政府网2022年4月16日，http://www.gov.cn/xinwen/2022-04/16/content_5685561.htm。

有关反间谍工作的国家秘密。

经鉴定，黄某某泄露的内容系秘密级国家秘密。在确凿的证据面前，黄某某如实交代了其在明确被告知应当保守国家秘密的前提下，却先后两次故意对外泄露国家安全机关依法开展工作的情况。此外，在国家安全机关此前依法要求黄某某配合调查时，他还对办案人员故意隐瞒了其所知悉的情况。

针对以上违法事实，根据2014年《中华人民共和国反间谍法》第三十一条的规定，2021年6月17日，国家安全机关对黄某某处以行政拘留15日的处罚。

5 个人和组织支持、协助反间谍工作能够获得表彰和奖励吗？

答：根据《中华人民共和国反间谍法》第九条规定，对举报间谍行为或者在反间谍工作中做出重大贡献的个人和组织，按照国家有关规定给予表彰和奖励。

因此，如果个人和组织有过举报间谍行为经查证属实的，或曾对反间谍工作予以支持、协助且具有重大贡献时，按照有关规定获得国家的表彰和奖励。

反间谍提醒

根据《中华人民共和国反间谍法》第九条规定，个人和组织因支持、协助反间谍工作而获得表彰和奖励的条件是"做出重大贡献"。所谓"重大"，一方面需要个人和组织支持、协助行为有助于或有利于反间谍工作的进展，另一方面这种帮助的意义应当很大而非一般，如可能需要达到表现突出、效果显著、不可或缺等程度。

2022年6月6日，国家安全部公布施行了《公民举报危害国家安全行为奖励办法》，在其第二章明确规定了"奖励条件、方式和标准"，特别是第十一条规定，国家安全机关根据违法线索查证结果、违法行为危害程度、举报发挥作用情况等，综合评估确定奖励等级，给予精神奖励或者物质奖励。给予精神奖励的，颁发奖励证书；给予物质奖励的，发放奖金。即奖励的形式分为证书或奖金。第十二条规定了发放奖金奖励的具体标准：（1）对防范、制止和惩治危害国家安全行为发挥一定作用、做出一定贡献的，给予1万元以下奖励；（2）对防范、制止和惩治危害国家安全行为发挥重要作用、做出重要贡献的，给予1万元至3万元奖励；（3）对防范、制止和惩治严重危害国家安全行为发挥重大作用、做出重大贡献的，给予3万元至10万元奖励；（4）对防范、制止和惩治严重危害国家安全行为发挥特别重大作用、做出特别重大贡献的，给予10万元以上奖励。

新旧法变化

2023年《中华人民共和国反间谍法》	2014年《中华人民共和国反间谍法》
第九条　国家对支持、协助反间谍工作的个人和组织给予保护。 对举报间谍行为或者在反间谍工作中做出重大贡献的个人和组织，按照国家有关规定给予表彰和奖励。 注：本条在"奖励"的基础上	第七条　国家对支持、协助反间谍工作的组织和个人给予保护，对有重大贡献的给予奖励。

续表

2023 年《中华人民共和国反间谍法》	2014 年《中华人民共和国反间谍法》
增加了"表彰"一项,奖励更加侧重物质层面,而表彰更加侧重精神层面,表彰有时包含奖励,而奖励一般不包括表彰中的书面形式。例如,《军队奖励和表彰管理规定》中明确:军队所称奖励,是依照《中国人民解放军纪律条令》规定的对单位和个人给予嘉奖,记一、二、三等功,授予荣誉称号;所称表彰,是指团以上单位、各级机关以通报形式对单位和个人给予褒扬。	

三 典型事例

张某主动检举他人泄露国家秘密行为案[①]

2019 年 6 月,广东省某港口的快艇驾驶员张某驾驶快艇,陪同游客冉某在港口参观。但令张某感到奇怪的是,冉某对风景毫无兴趣,只热衷打探军舰情况,又是拍照又是画图,还询问军舰停靠、出港等情报。张某见此状立即拨打了国家安全机关举报受理电话"12339",举报了冉某。

经查,冉某并非普通游客。他已被某境外间谍情报机关发展利用,为对方搜集、报送军舰照片、出行动态、手绘军港草图,

[①] 参见《注意了!这个特殊号码,关乎"头等大事"》,载人民网 2020 年 4 月 17 日,http://cpc.people.com.cn/n1/2020/0417/c64387-31678305.html。

以非法手段获利。2019 年 12 月，冉某因犯"为境外刺探、非法提供国家秘密罪"，依法被判处有期徒刑 5 年，剥夺政治权利 1 年，并没收非法所得。举报人张某受到国家安全机关表彰奖励。

6 为反间谍工作做出贡献的人员可以获得哪些保障？

答：针对为反间谍工作做出贡献的人员，《中华人民共和国反间谍法》主要提供了如下三点保障：第一，根据《中华人民共和国反间谍法》第九条规定，对支持、协助反间谍工作的个人和组织给予保护。第二，根据《中华人民共和国反间谍法》第四十七条第一款规定，对为反间谍工作做出贡献并需要安置的人员，国家给予妥善安置。第三，根据《中华人民共和国反间谍法》第四十八条规定，对因开展反间谍工作或者支持、协助反间谍工作导致伤残或者牺牲、死亡的人员，根据国家有关规定给予相应的抚恤优待。

因此，针对为反间谍工作做出贡献的人员，《中华人民共和国反间谍法》所提供的保障主要包括：（1）给予保护；（2）针对特定情况给予妥善安置；（3）给予相应的抚恤优待。

反间谍提醒

《中华人民共和国反间谍法》不仅规定了上述保障措施，而且进一步作出较为具体的安排，如第四十七条不仅规定了对为反间谍工作做出贡献并需要安置的人员，国家给予妥善安置，而且还要求公安、民政、财政、卫生健康、教育、人力资源和社会保障、退役军人事务、医疗保障、移民管理等有关部门以及国有企业事业单位应当协助国家安全机关做好安置工作。2020 年退役军人事务部通过并施行了《伤残抚恤管理办法》，该办法第二条规定的其所适用的几类对象包括了为维护社会治安同违法犯罪分子进行斗争致残的人员。该办法还在其他条文中就残疾等级评定、伤残证件和档案管理、伤残抚恤关系转移、抚恤金发放等问题作出了详细规定。

新旧法变化

2023 年《中华人民共和国反间谍法》	2014 年《中华人民共和国反间谍法》
第四十七条　对为反间谍工作做出贡献并需要安置的人员，国家给予妥善安置。 公安、民政、财政、卫生健康、教育、人力资源和社会保障、退役军人事务、医疗保障、移民管理等有关部门以及国有企业事业单位应当协助国家安全机关做好安置工作。 第四十八条　对因开展反间谍工作或者支持、协助反间谍工作导致伤残或者牺牲、死亡的人员，根据国家有关规定给予相应的抚恤优待。 **注**：在为反间谍工作做出贡献的人员进行保障方面，2023 年《中华人民共和国反间谍法》作了较大修改。第四十七条和第四十八条均是本次修改后的新增内容，更	

续表

2023 年《中华人民共和国反间谍法》	2014 年《中华人民共和国反间谍法》
加充分地体现出国家对个人和组织协助反间谍工作的贡献的高度认可。	

7 当个人因协助执行反间谍工作任务，本人或者其近亲属的人身安全受到威胁或面临危险时，是否可以请求国家安全机关给予保护？

答：《中华人民共和国反间谍法》第九条规定，国家对支持、协助反间谍工作的个人和组织给予保护。当出现本问题中所指的两种情况时，《中华人民共和国反间谍法》第四十六条进一步作出两点保障性规定：第一，当个人因协助执行反间谍工作任务，本人或者其近亲属的人身安全受到威胁时，国家安全机关应当会同有关部门依法采取必要措施，予以保护、营救。第二，个人因支持、协助反间谍工作，本人或者其近亲属的人身安全面临危险的，可以向国家安全机关请求予以保护。国家安全机关应当会同有关部门依法采取保护措施。前者是国家安全机关有权针对特定情况主动决定是否采取保护措施，而后者则是国家安全机关在收到申请后可根据具体情况判定是否给予保护。

因此，当个人因协助执行反间谍工作任务，本人或者其近亲属的人身安全受到威胁或面临危险时，均可请求国家安全机关予以保护。

🎯 反间谍提醒

首先，虽然《中华人民共和国反间谍法》第九条已有规定，国家对支持、协助反间谍工作的个人和组织给予保护，但是实际情况中，除协助者个人的人身安全需要被保护之外，其近亲属的人身安全也可能受到威胁或面临危险，对这些情况中涉及的个人和组织，国家安全机关均会提供保护或营救。

其次，根据《中华人民共和国反间谍法》第四十六条规定，个人因协助执行反间谍工作任务，可请求国家安全机关对其及其近亲属提供保护的条件并非仅限于人身安全面临危险之时，只要其感觉受到人身安全威胁便可以提出请求。

此外，根据《中华人民共和国反间谍法》第六十条第六项规定，对依法支持、协助国家安全机关工作的个人和组织进行打击报复，构成犯罪的，依法追究刑事责任；尚不构成犯罪的，由国家安全机关予以警告或者处10日以下行政拘留，可以并处3万元以下罚款。立法明确相关法律责任的做法，相当于从心理层面为支持、协助反间谍工作的个人的人身安全增加了一层保护。

📖 新旧法变化

2023年《中华人民共和国反间谍法》	2014年《中华人民共和国反间谍法》
第四十六条　国家安全机关工作人员因执行任务，或者个人因协助执行反间谍工作任务，本人或者其近亲属的人身安全受到威胁时，国家安全机关应当会同有关部门依法采取必要措施，予以保护、营救。	第二十条第二款　因协助反间谍工作，本人或者其近亲属的人身安全面临危险的，可以向国家安全机关请求予以保护。国家安全机关应当会同有关部门依法采取保护措施。

续表

2023年《中华人民共和国反间谍法》	2014年《中华人民共和国反间谍法》
个人因支持、协助反间谍工作，本人或者其近亲属的人身安全面临危险的，可以向国家安全机关请求予以保护。国家安全机关应当会同有关部门依法采取保护措施。 个人和组织因支持、协助反间谍工作导致财产损失的，根据国家有关规定给予补偿。 注：本条进一步增设了当本人或者其近亲属的人身安全受到威胁时，国家安全机关应当会同有关部门依法采取必要措施，予以保护、营救的规定。本条中新增的规定降低了请求国家安全机关予以保护的门槛，大大增强了对协助反间谍工作的人员及其近亲属人身安全的保护力度。体现出2023年《中华人民共和国反间谍法》对支持、协助反间谍工作的个人及其近亲属人身安全的高度重视。 同时，"国家安全机关应当会同有关部门依法采取必要措施"说明在具体保护的过程中，国家安全机关并非唯一提供保护的主体，还可能会同如公安等其他机关一道采取措施。"会同"既有共同之意，又有根据实际需要而选择合适主体、合适方案之意，这充分体现出保护方式上的周全性。	注：本条规定考虑到协助反间谍工作的高度危险性，特别是本人或者其近亲属的人身安全可能因此遭到间谍的打击报复，甚至不排除重要证人可能遭到灭口的危险，因而该条保护性规定意义重大。

附录

中华人民共和国反间谍法

1. 2014 年 11 月 1 日第十二届全国人民代表大会常务委员会第十一次会议通过
2. 2023 年 4 月 26 日第十四届全国人民代表大会常务委员会第二次会议修订

目　录

第一章　总　　则

第二章　安全防范

第三章　调查处置

第四章　保障与监督

第五章　法律责任

第六章　附　　则

第一章　总　　则

第一条　【立法目的】① 为了加强反间谍工作，防范、制止和惩治间谍行为，维护国家安全，保护人民利益，根据宪法，制定本法。

第二条　【基本原则】反间谍工作坚持党中央集中统一领导，坚持总体国家安全观，坚持公开工作与秘密工作相结合、专门工

---

① 条文主旨为编者所加，供参考。

作与群众路线相结合,坚持积极防御、依法惩治、标本兼治,筑牢国家安全人民防线。

第三条 【尊重和保障人权】反间谍工作应当依法进行,尊重和保障人权,保障个人和组织的合法权益。

第四条 【间谍行为】本法所称间谍行为,是指下列行为:

(一)间谍组织及其代理人实施或者指使、资助他人实施,或者境内外机构、组织、个人与其相勾结实施的危害中华人民共和国国家安全的活动;

(二)参加间谍组织或者接受间谍组织及其代理人的任务,或者投靠间谍组织及其代理人;

(三)间谍组织及其代理人以外的其他境外机构、组织、个人实施或者指使、资助他人实施,或者境内机构、组织、个人与其相勾结实施的窃取、刺探、收买、非法提供国家秘密、情报以及其他关系国家安全和利益的文件、数据、资料、物品,或者策动、引诱、胁迫、收买国家工作人员叛变的活动;

(四)间谍组织及其代理人实施或者指使、资助他人实施,或者境内外机构、组织、个人与其相勾结实施针对国家机关、涉密单位或者关键信息基础设施等的网络攻击、侵入、干扰、控制、破坏等活动;

(五)为敌人指示攻击目标;

(六)进行其他间谍活动。

间谍组织及其代理人在中华人民共和国领域内,或者利用中华人民共和国的公民、组织或者其他条件,从事针对第三国的间谍活动,危害中华人民共和国国家安全的,适用本法。

第五条 【统筹协调】国家建立反间谍工作协调机制,统筹协调反间谍工作中的重大事项,研究、解决反间谍工作中的重大问题。

第六条 【主管机关】国家安全机关是反间谍工作的主管机关。

公安、保密等有关部门和军队有关部门按照职责分工,密切配合,加强协调,依法做好有关工作。

第七条 【公民、国家机关及各单位的义务】中华人民共和国公民有维护国家的安全、荣誉和利益的义务,不得有危害国家的安全、荣誉和利益的行为。

一切国家机关和武装力量、各政党和各人民团体、企业事业组织和其他社会组织,都有防范、制止间谍行为,维护国家安全的义务。

国家安全机关在反间谍工作中必须依靠人民的支持,动员、组织人民防范、制止间谍行为。

第八条 【支持、协助反间谍工作】任何公民和组织都应当依法支持、协助反间谍工作,保守所知悉的国家秘密和反间谍工作秘密。

第九条 【保护和奖励】国家对支持、协助反间谍工作的个人和组织给予保护。

对举报间谍行为或者在反间谍工作中做出重大贡献的个人和组织,按照国家有关规定给予表彰和奖励。

第十条 【追究境外机构、组织、个人】境外机构、组织、个人实施或者指使、资助他人实施的,或者境内机构、组织、个人与境外机构、组织、个人相勾结实施的危害中华人民共和国国家安全的间谍行为,都必须受到法律追究。

第十一条 【国家安全机关及其工作人员的职责】国家安全机关及其工作人员在工作中,应当严格依法办事,不得超越职权、滥用职权，不得侵犯个人和组织的合法权益。

国家安全机关及其工作人员依法履行反间谍工作职责获取的个人和组织的信息，只能用于反间谍工作。对属于国家秘密、工作秘密、商业秘密和个人隐私、个人信息的，应当保密。

第二章 安全防范

第十二条 【国家机关、人民团体、企事业单位的安全防范责任】国家机关、人民团体、企业事业组织和其他社会组织承担本单位反间谍安全防范工作的主体责任，落实反间谍安全防范措施，对本单位的人员进行维护国家安全的教育，动员、组织本单位的人员防范、制止间谍行为。

地方各级人民政府、相关行业主管部门按照职责分工，管理本行政区域、本行业有关反间谍安全防范工作。

国家安全机关依法协调指导、监督检查反间谍安全防范工作。

第十三条 【反间谍宣传教育】各级人民政府和有关部门应当组织开展反间谍安全防范宣传教育，将反间谍安全防范知识纳入教育、培训、普法宣传内容，增强全民反间谍安全防范意识和国家安全素养。

新闻、广播、电视、文化、互联网信息服务等单位，应当面向社会有针对性地开展反间谍宣传教育。

国家安全机关应当根据反间谍安全防范形势，指导有关单位开展反间谍宣传教育活动，提高防范意识和能力。

第十四条 【不得非法获取、持有属于国家秘密的物品】任何个人和组织都不得非法获取、持有属于国家秘密的文件、数据、资料、物品。

第十五条 【专用间谍器材管控】任何个人和组织都不得非

法生产、销售、持有、使用间谍活动特殊需要的专用间谍器材。专用间谍器材由国务院国家安全主管部门依照国家有关规定确认。

第十六条 【举报及处理】任何公民和组织发现间谍行为，应当及时向国家安全机关举报；向公安机关等其他国家机关、组织举报的，相关国家机关、组织应当立即移送国家安全机关处理。

国家安全机关应当将受理举报的电话、信箱、网络平台等向社会公开，依法及时处理举报信息，并为举报人保密。

第十七条 【建立反间谍安全防范重点单位管理制度】国家建立反间谍安全防范重点单位管理制度。

反间谍安全防范重点单位应当建立反间谍安全防范工作制度，履行反间谍安全防范工作要求，明确内设职能部门和人员承担反间谍安全防范职责。

第十八条 【加强对工作人员的教育和管理】反间谍安全防范重点单位应当加强对工作人员反间谍安全防范的教育和管理，对离岗离职人员脱密期内履行反间谍安全防范义务的情况进行监督检查。

第十九条 【反间谍物理防范措施】反间谍安全防范重点单位应当加强对涉密事项、场所、载体等的日常安全防范管理，采取隔离加固、封闭管理、设置警戒等反间谍物理防范措施。

第二十条 【反间谍技术防范】反间谍安全防范重点单位应当按照反间谍技术防范的要求和标准，采取相应的技术措施和其他必要措施，加强对要害部门部位、网络设施、信息系统的反间谍技术防范。

第二十一条 【建设项目许可】在重要国家机关、国防军工单位和其他重要涉密单位以及重要军事设施的周边安全控制区域内新建、改建、扩建建设项目的，由国家安全机关实施涉及国家安全事项的建设项目许可。

县级以上地方各级人民政府编制国民经济和社会发展规划、国土空间规划等有关规划，应当充分考虑国家安全因素和划定的安全控制区域，征求国家安全机关的意见。

安全控制区域的划定应当统筹发展和安全，坚持科学合理、确有必要的原则，由国家安全机关会同发展改革、自然资源、住房城乡建设、保密、国防科技工业等部门以及军队有关部门共同划定，报省、自治区、直辖市人民政府批准并动态调整。

涉及国家安全事项的建设项目许可的具体实施办法，由国务院国家安全主管部门会同有关部门制定。

第二十二条　【反间谍技术防范标准】国家安全机关根据反间谍工作需要，可以会同有关部门制定反间谍技术防范标准，指导有关单位落实反间谍技术防范措施，对存在隐患的单位，经过严格的批准手续，可以进行反间谍技术防范检查和检测。

第三章　调查处置

第二十三条　【国家安全机关的职权】国家安全机关在反间谍工作中依法行使本法和有关法律规定的职权。

第二十四条　【查验、问询】国家安全机关工作人员依法执行反间谍工作任务时，依照规定出示工作证件，可以查验中国公民或者境外人员的身份证明，向有关个人和组织问询有关情况，对身份不明、有间谍行为嫌疑的人员，可以查看其随带物品。

第二十五条　【查验电子设备、设施及有关程序、工具】国家安全机关工作人员依法执行反间谍工作任务时，经设区的市级以上国家安全机关负责人批准，出示工作证件，可以查验有关个人和组织的电子设备、设施及有关程序、工具。查验中发现存在危害国家安全情形的，国家安全机关应当责令其采取措施立即整改。拒绝整改或者整改后仍存在危害国家安全隐患的，可以予以查封、扣押。

对依照前款规定查封、扣押的电子设备、设施及有关程序、工具，在危害国家安全的情形消除后，国家安全机关应当及时解除查封、扣押。

第二十六条　【有关个人和组织予以配合】国家安全机关工作人员依法执行反间谍工作任务时，根据国家有关规定，经设区的市级以上国家安全机关负责人批准，可以查阅、调取有关的文件、数据、资料、物品，有关个人和组织应当予以配合。查阅、调取不得超出执行反间谍工作任务所需的范围和限度。

第二十七条　【传唤】需要传唤违反本法的人员接受调查的，经国家安全机关办案部门负责人批准，使用传唤证传唤。对现场发现的违反本法的人员，国家安全机关工作人员依照规定出示工作证件，可以口头传唤，但应当在询问笔录中注明。传唤的原因和依据应当告知被传唤人。对无正当理由拒不接受传唤或者逃避传唤的人，可以强制传唤。

国家安全机关应当在被传唤人所在市、县内的指定地点或者其住所进行询问。

国家安全机关对被传唤人应当及时询问查证。询问查证的时间不得超过八小时；情况复杂，可能适用行政拘留或者涉嫌犯罪的，询问查证的时间不得超过二十四小时。国家安全机关应当为被传唤人提供必要的饮食和休息时间。严禁连续传唤。

除无法通知或者可能妨碍调查的情形以外，国家安全机关应当及时将传唤的原因通知被传唤人家属。在上述情形消失后，应当立即通知被传唤人家属。

第二十八条 【检查】国家安全机关调查间谍行为，经设区的市级以上国家安全机关负责人批准，可以依法对涉嫌间谍行为的人身、物品、场所进行检查。

检查女性身体的，应当由女性工作人员进行。

第二十九条 【查询财产信息】国家安全机关调查间谍行为，经设区的市级以上国家安全机关负责人批准，可以查询涉嫌间谍行为人员的相关财产信息。

第三十条 【查封、扣押、冻结】国家安全机关调查间谍行为，经设区的市级以上国家安全机关负责人批准，可以对涉嫌用于间谍行为的场所、设施或者财物依法查封、扣押、冻结；不得查封、扣押、冻结与被调查的间谍行为无关的场所、设施或者财物。

第三十一条 【采取查阅、调取、传唤等措施的程序和要求】国家安全机关工作人员在反间谍工作中采取查阅、调取、传唤、检查、查询、查封、扣押、冻结等措施，应当由二人以上进行，依照有关规定出示工作证件及相关法律文书，并由相关人员在有关笔录等书面材料上签名、盖章。

国家安全机关工作人员进行检查、查封、扣押等重要取证工作，应当对全过程进行录音录像，留存备查。

第三十二条 【如实提供证据】在国家安全机关调查了解有关间谍行为的情况、收集有关证据时，有关个人和组织应当如实提供，不得拒绝。

第三十三条 【出境限制】对出境后可能对国家安全造成危害，或者对国家利益造成重大损失的中国公民，国务院国家安全主管部门可以决定其在一定期限内不准出境，并通知移民管理机构。

对涉嫌间谍行为人员，省级以上国家安全机关可以通知移民管理机构不准其出境。

第三十四条　【入境管控】对入境后可能进行危害中华人民共和国国家安全活动的境外人员，国务院国家安全主管部门可以通知移民管理机构不准其入境。

第三十五条　【撤销不准出境、入境决定】对国家安全机关通知不准出境或者不准入境的人员，移民管理机构应当按照国家有关规定执行；不准出境、入境情形消失的，国家安全机关应当及时撤销不准出境、入境决定，并通知移民管理机构。

第三十六条　【网络风险应对】国家安全机关发现涉及间谍行为的网络信息内容或者网络攻击等风险，应当依照《中华人民共和国网络安全法》规定的职责分工，及时通报有关部门，由其依法处置或者责令电信业务经营者、互联网服务提供者及时采取修复漏洞、加固网络防护、停止传输、消除程序和内容、暂停相关服务、下架相关应用、关闭相关网站等措施，保存相关记录。情况紧急，不立即采取措施将对国家安全造成严重危害的，由国家安全机关责令有关单位修复漏洞、停止相关传输、暂停相关服务，并通报有关部门。

经采取相关措施，上述信息内容或者风险已经消除的，国家安全机关和有关部门应当及时作出恢复相关传输和服务的决定。

第三十七条　【技术侦察和身份保护措施】国家安全机关因反间谍工作需要，根据国家有关规定，经过严格的批准手续，可以采取技术侦察措施和身份保护措施。

第三十八条　【鉴定和评估】对违反本法规定，涉嫌犯罪，需要对有关事项是否属于国家秘密或者情报进行鉴定以及需要对危害后果进行评估的，由国家保密部门或者省、自治区、直辖市保密部门按照程序在一定期限内进行鉴定和组织评估。

第三十九条 【立案侦查】国家安全机关经调查,发现间谍行为涉嫌犯罪的,应当依照《中华人民共和国刑事诉讼法》的规定立案侦查。

第四章 保障与监督

第四十条 【执行职务受法律保护】国家安全机关工作人员依法履行职责,受法律保护。

第四十一条 【物流运营单位、电信业务经营者、互联网服务提供者的义务】国家安全机关依法调查间谍行为,邮政、快递等物流运营单位和电信业务经营者、互联网服务提供者应当提供必要的支持和协助。

第四十二条 【道路优先通行】国家安全机关工作人员因执行紧急任务需要,经出示工作证件,享有优先乘坐公共交通工具、优先通行等通行便利。

第四十三条 【进入有关场所】国家安全机关工作人员依法执行任务时,依照规定出示工作证件,可以进入有关场所、单位;根据国家有关规定,经过批准,出示工作证件,可以进入限制进入的有关地区、场所、单位。

第四十四条 【优先使用与依法征用】国家安全机关因反间谍工作需要,根据国家有关规定,可以优先使用或者依法征用国家机关、人民团体、企业事业组织和其他社会组织以及个人的交通工具、通信工具、场地和建筑物等,必要时可以设置相关工作场所和设施设备,任务完成后应当及时归还或者恢复原状,并依照规定支付相应费用;造成损失的,应当给予补偿。

第四十五条 【通关便利】国家安全机关因反间谍工作需要,根据国家有关规定,可以提请海关、移民管理等检查机关对有关人员提供通关便利，对有关资料、器材等予以免检。有关检查机关应当依法予以协助。

第四十六条　【保护、营救和补偿】国家安全机关工作人员因执行任务，或者个人因协助执行反间谍工作任务，本人或者其近亲属的人身安全受到威胁时，国家安全机关应当会同有关部门依法采取必要措施，予以保护、营救。

个人因支持、协助反间谍工作，本人或者其近亲属的人身安全面临危险的，可以向国家安全机关请求予以保护。国家安全机关应当会同有关部门依法采取保护措施。

个人和组织因支持、协助反间谍工作导致财产损失的，根据国家有关规定给予补偿。

第四十七条　【妥善安置】对为反间谍工作做出贡献并需要安置的人员，国家给予妥善安置。

公安、民政、财政、卫生健康、教育、人力资源和社会保障、退役军人事务、医疗保障、移民管理等有关部门以及国有企业事业单位应当协助国家安全机关做好安置工作。

第四十八条　【抚恤优待】对因开展反间谍工作或者支持、协助反间谍工作导致伤残或者牺牲、死亡的人员，根据国家有关规定给予相应的抚恤优待。

第四十九条　【科技创新】国家鼓励反间谍领域科技创新，发挥科技在反间谍工作中的作用。

第五十条　【人才建设】国家安全机关应当加强反间谍专业力量人才队伍建设和专业训练，提升反间谍工作能力。

对国家安全机关工作人员应当有计划地进行政治、理论和业务培训。培训应当坚持理论联系实际、按需施教、讲求实效，提高专业能力。

第五十一条 【内部监督和安全审查】国家安全机关应当严格执行内部监督和安全审查制度,对其工作人员遵守法律和纪律等情况进行监督,并依法采取必要措施,定期或者不定期进行安全审查。

第五十二条 【检举、控告】任何个人和组织对国家安全机关及其工作人员超越职权、滥用职权和其他违法行为,都有权向上级国家安全机关或者监察机关、人民检察院等有关部门检举、控告。受理检举、控告的国家安全机关或者监察机关、人民检察院等有关部门应当及时查清事实,依法处理,并将处理结果及时告知检举人、控告人。

对支持、协助国家安全机关工作或者依法检举、控告的个人和组织,任何个人和组织不得压制和打击报复。

第五章 法律责任

第五十三条 【刑事责任】实施间谍行为,构成犯罪的,依法追究刑事责任。

第五十四条 【行政处罚】个人实施间谍行为,尚不构成犯罪的,由国家安全机关予以警告或者处十五日以下行政拘留,单处或者并处五万元以下罚款,违法所得在五万元以上的,单处或者并处违法所得一倍以上五倍以下罚款,并可以由有关部门依法予以处分。

明知他人实施间谍行为,为其提供信息、资金、物资、劳务、技术、场所等支持、协助,或者窝藏、包庇,尚不构成犯罪的,依照前款的规定处罚。

单位有前两款行为的,由国家安全机关予以警告,单处或者并处五十万元以下罚款,违法所得在五十万元以上的,单处或者并处违法所得一倍以上五倍以下罚款,并对直接负责的主管人员和其他直接责任人员,依照第一款的规定处罚。

国家安全机关根据相关单位、人员违法情节和后果,可以建议有关主管部门依法责令停止从事相关业务、提供相关服务或者责令停产停业、吊销有关证照、撤销登记。有关主管部门应当将作出行政处理的情况及时反馈国家安全机关。

第五十五条 【自首、立功】实施间谍行为,有自首或者立功表现的,可以从轻、减轻或者免除处罚;有重大立功表现的,给予奖励。

在境外受胁迫或者受诱骗参加间谍组织、敌对组织,从事危害中华人民共和国国家安全的活动,及时向中华人民共和国驻外机构如实说明情况,或者入境后直接或者通过所在单位及时向国家安全机关如实说明情况,并有悔改表现的,可以不予追究。

第五十六条 【未履行反间谍安全防范义务的法律责任】国家机关、人民团体、企业事业组织和其他社会组织未按照本法规定履行反间谍安全防范义务的,国家安全机关可以责令改正;未按照要求改正的,国家安全机关可以约谈相关负责人,必要时可以将约谈情况通报该单位上级主管部门;产生危害后果或者不良影响的,国家安全机关可以予以警告、通报批评;情节严重的,对负有责任的领导人员和直接责任人员,由有关部门依法予以处分。

第五十七条 【违规建设的法律责任】违反本法第二十一条规定新建、改建、扩建建设项目的,由国家安全机关责令改正,予以警告;拒不改正或者情节严重的,责令停止建设或者使用、暂扣或者吊销许可证件,或者建议有关主管部门依法予以处理。

第五十八条 【物流运营单位、电信业务经营者、互联网服务提供者违规的法律责任】违反本法第四十一条规定的,由国家安全机关责令改正,予以警告或者通报批评;拒不改正或者情节严重的,由有关主管部门依照相关法律法规予以处罚。

第五十九条 【拒不配合数据调取的法律责任】违反本法规定,拒不配合数据调取的,由国家安全机关依照《中华人民共和国数据安全法》的有关规定予以处罚。

第六十条 【涉嫌刑事犯罪及行政处罚】违反本法规定,有下列行为之一,构成犯罪的,依法追究刑事责任;尚不构成犯罪的,由国家安全机关予以警告或者处十日以下行政拘留,可以并处三万元以下罚款:

(一)泄露有关反间谍工作的国家秘密;

(二)明知他人有间谍犯罪行为,在国家安全机关向其调查有关情况、收集有关证据时,拒绝提供;

(三)故意阻碍国家安全机关依法执行任务;

(四)隐藏、转移、变卖、损毁国家安全机关依法查封、扣押、冻结的财物;

(五)明知是间谍行为的涉案财物而窝藏、转移、收购、代为销售或者以其他方法掩饰、隐瞒;

(六)对依法支持、协助国家安全机关工作的个人和组织进行打击报复。

第六十一条 【非法获取、持有国家秘密的法律责任】非法获取、持有属于国家秘密的文件、数据、资料、物品,以及非法生产、销售、持有、使用专用间谍器材,尚不构成犯罪的,由国家安全机关予以警告或者处十日以下行政拘留。

第六十二条 【对查封、扣押、冻结财物的处理】国家安全机关对依照本法查封、扣押、冻结的财物,应当妥善保管,并按照下列情形分别处理:

（一）涉嫌犯罪的，依照《中华人民共和国刑事诉讼法》等有关法律的规定处理；

（二）尚不构成犯罪，有违法事实的，对依法应当没收的予以没收，依法应当销毁的予以销毁；

（三）没有违法事实的，或者与案件无关的，应当解除查封、扣押、冻结，并及时返还相关财物；造成损失的，应当依法予以赔偿。

第六十三条 【对涉案财物的处理】涉案财物符合下列情形之一的，应当依法予以追缴、没收，或者采取措施消除隐患：

（一）违法所得的财物及其孳息、收益，供实施间谍行为所用的本人财物；

（二）非法获取、持有的属于国家秘密的文件、数据、资料、物品；

（三）非法生产、销售、持有、使用的专用间谍器材。

第六十四条 【对非法获取利益的处理】行为人及其近亲属或者其他相关人员，因行为人实施间谍行为从间谍组织及其代理人获取的所有利益，由国家安全机关依法采取追缴、没收等措施。

第六十五条 【上缴国库】国家安全机关依法收缴的罚款以及没收的财物，一律上缴国库。

第六十六条 【境外人员违法的法律责任】境外人员违反本法的，国务院国家安全主管部门可以决定限期出境，并决定其不准入境的期限。未在规定期限内离境的，可以遣送出境。

对违反本法的境外人员，国务院国家安全主管部门决定驱逐出境的，自被驱逐出境之日起十年内不准入境，国务院国家安全主管部门的处罚决定为最终决定。

第六十七条 【行政处罚前的告知】国家安全机关作出行政

处罚决定之前,应当告知当事人拟作出的行政处罚内容及事实、理由、依据,以及当事人依法享有的陈述、申辩、要求听证等权利,并依照《中华人民共和国行政处罚法》的有关规定实施。

第六十八条 【行政复议】当事人对行政处罚决定、行政强制措施决定、行政许可决定不服的,可以自收到决定书之日起六十日内,依法申请复议;对复议决定不服的,可以自收到复议决定书之日起十五日内,依法向人民法院提起诉讼。

第六十九条 【国家安全机关工作人员的法律责任】国家安全机关工作人员滥用职权、玩忽职守、徇私舞弊,或者有非法拘禁、刑讯逼供、暴力取证、违反规定泄露国家秘密、工作秘密、商业秘密和个人隐私、个人信息等行为,依法予以处分,构成犯罪的,依法追究刑事责任。

第六章 附 则

第七十条 【参照适用】国家安全机关依照法律、行政法规和国家有关规定,履行防范、制止和惩治间谍行为以外的危害国家安全行为的职责,适用本法的有关规定。

公安机关在依法履行职责过程中发现、惩治危害国家安全的行为,适用本法的有关规定。

第七十一条 【施行日期】本法自2023年7月1日起施行。